COMMENT
RÉUSSIR
A ÉCHOUER

Du même auteur

AUX MÊMES ÉDITIONS

Une logique de la communication
avec J. Helmick Beavin et D. Jackson, 1972
coll. « Points Essais », 1979

Changements
Paradoxes et psychothérapie
avec J. Weakland et R. Fisch, 1975
coll. « Points Essais », 1981

La Réalité de la réalité
Confusion, désinformation, communication, 1978
coll. « Points Essais », 1984

Le Langage du changement
Éléments de communication thérapeutique
1980
coll. « Points Essais », 1986

Sur l'interaction
Palo Alto, 1965-1974
Une nouvelle thérapie
édité par J. Weakland et P. Watzlawick
1981

Faites vous-même votre malheur
1984

Guide non conformiste
pour l'usage de l'Amérique
1987

L'Invention de la réalité
dirigé par Paul Watzlawick, 1988
coll. « Points Essais », 1996

Les Cheveux du baron de Münchhausen
Psychothérapie et « réalité »
coll. « La couleur des idées », 1991

Paul Watzlawick

COMMENT RÉUSSIR A ÉCHOUER

Trouver l'ultrasolution

TRADUIT DE L'ANGLAIS
PAR ANNE-LISE HACKER

Seuil

Titre original : *Ultrasolutions.*
How to Fail Most Successfully

ISBN 2-02-12942-6
(ISBN 2-02-010154-8, 1re publication)

Préface

Cher Lecteur,

Il existe un certain type de solution qui n'a pas encore de nom dans le langage courant. Nous avons choisi celui d'*ultrasolution,* qui nous a paru convenir tout à fait. Ce sont des solutions qui se débarrassent non seulement du problème, mais aussi de tout le reste – un peu comparables à cette vieille plaisanterie de carabins : opération réussie, patient décédé. Seul le nom que nous proposons est donc nouveau; l'*hubris* à laquelle il renvoie est connue depuis l'Antiquité. J'illustrerai cette affirmation par un exemple célèbre : le destin de Macbeth.

Alors que les personnages de Shakespeare sont plutôt sombres et énigmatiques, le rôle des trois sorcières est au contraire tout à fait évident. Leur maîtresse, Hécate, la sinistre déesse des enfers, leur a demandé de préparer la chute de Macbeth en lui faisant croire que son avenir recèle la réalisation de ses désirs les plus ambitieux – prédiction qu'il est tout à fait prêt à croire puisqu'elle nourrit l'idée qui l'obsède : celle du pouvoir absolu. Et c'est précisément en cherchant à atteindre ce but qu'il devient la proie facile des machinations d'Hécate.

Pourquoi Hécate met-elle toute son énergie et toute son habileté à orchestrer le sort de Macbeth (et, nous le verrons, celui de beaucoup d'autres) est une question à laquelle personne ne semble pouvoir répondre. Il est évident que c'est précisément ce qu'elle veut, et qu'elle finit par y parvenir. Mais *comment* elle réussit à mettre en place les conditions qui président à l'apparition des ultrasolutions, c'est ce que ce livre se propose d'expliquer; non seulement pour Macbeth, mais aussi pour d'autres individus, tout à fait contemporains. Car on ne sait peut-être pas toujours que les activités d'Hécate et des sorcières ne se limitent en aucun cas au sort qui fut celui de Macbeth au XIe siècle : elles sont au contraire intemporelles – avec toutefois cette différence importante que les moyens et les techniques modernes dont dispose aujourd'hui Hécate sont considérablement plus sophistiqués, donc très éloignés de ce qu'ils étaient il y a neuf siècles. Toutefois, le cas de Macbeth met en évidence leur commun dénominateur, ou, en d'autres termes, le *principe* qui les sous-tend tous.

Les prédictions des sorcières ont conduit Macbeth à un point de non-retour («Je baigne à tel point dans le sang que, si je n'y pataugeais pas plus avant, le retour serait aussi périlleux que la traversée» [III/4]*). Mais il hésite encore («L'étrange illusion que j'ai créée moi-même vient d'une timidité novice qui a besoin de la dure expérience» [III/4]); il est donc insuffisamment préparé à sa perte. L'incapacité des sorcières à traiter ce cas provoque la colère d'Hécate qui se voit contrainte de s'en charger personnellement :

«Comment avez-vous osé commercer et trafiquer avec Macbeth d'énigmes et d'affaires de mort, sans que moi, la maîtresse de vos charmes, l'agent secret de tous les maux, j'aie été appelée à y prendre part ou à manifester la gloire de notre art?» [III/5]

Et comment Hécate parvient-elle à empêcher Macbeth de reconsidérer toute l'affaire, d'essayer d'une certaine façon d'expier les horreurs déjà commises, et de sauver ce qui peut encore l'être? Non pas en tentant de le convaincre qu'il est sur la bonne voie, ni en l'encourageant à commettre le mal absolu, ou en le persuadant de faire totalement confiance à sa bonne étoile – ou par quelques autres inci-

* Pour cette citation et les suivantes, cf. la traduction de Maurice Maeterlinck, Paris, Gallimard, Bibl. de la Pléiade, 1959.

tations peu enthousiastes qu'on pourrait imaginer. Non, elle ordonne aux sorcières de l'endormir dans une fausse sécurité :

«Il méprisera le destin, bravera la mort et portera ses espérances par-delà la sagesse, la pitié et la crainte. Et, vous le savez toutes, la sécurité est la plus grande ennemie des mortels.» [III/5]

Et pour qu'il ait une confiance démesurée en sa sécurité, elles reçoivent l'ordre de lui mentionner deux exceptions apparemment tellement invraisemblables qu'il peut en toute sûreté ne pas en tenir compte. Première exception :

«Sois sanguinaire, intrépide, et résolu. Ris du pouvoir de l'homme; car nul né de la femme ne peut nuire à Macbeth.» [IV/1]

Puisque cela vaut pour tout être humain, il n'a donc pas besoin d'avoir peur de Macduff, son ennemi le plus dangereux. Seconde exception :

«Macbeth ne sera pas vaincu jusqu'au jour où la grande forêt de Birnam gravissant Dunsinane marchera contre lui.» [IV/1]

Il se sent dès lors en sécurité et prêt à commettre les ultimes atrocités. Le problème, c'est que Macbeth ne s'y connaît manifestement que très peu en obstétrique : il est donc tué par Macduff qui vint au monde par césarienne, alors que l'armée ennemie, camouflée par des feuilles, avance, telle une gigantesque forêt, vers son château de Dunsinane.

Comme nous l'avons déjà indiqué, Macbeth n'est qu'un des cas – bien que peut-être le plus connu – dont Hécate se soit occupée. Car elle exerçait déjà ses activités à l'époque de Dionysos, et continue aujourd'hui encore de les exercer.

Hécate a appliqué ses ultrasolutions à des cas beaucoup plus récents (j'en ai la preuve). Et elle continue, afin de semer le malheur en ce monde. Des investigations minutieuses, couvrant de nombreuses années, me permettent maintenant de présenter des exemples concrets des tactiques spécifiques. Il va cependant sans dire que la déontologie professionnelle m'interdit de révéler mes sources d'informations, et que j'ai bien sûr modifié les noms des personnes et des lieux qui permettraient de les identifier. Il faut de plus garder à l'esprit qu'Hécate ne rôde plus dans l'obscurité de la nuit sous l'aspect d'un spectre à trois bras, entouré de meutes de chiens, jetant des sorts et ensorcelant les gens.

Elle vit maintenant dans une élégante villa donnant sur le bleu de la Méditerranée, une retraite *apparemment* aussi inoffensive que ses techniques sophistiquées, à la pointe du progrès technique.

J'ai choisi de commencer par un cas particulier auquel je reviendrai à la fin du livre. Le pseudonyme le plus approprié, *Jedermann,* ayant déjà été utilisé par le dramaturge Hugo von Hofmannsthal, j'appellerai la personne dont il est ici question «notre homme», évitant ainsi de devenir un plagiaire.

La sécurité est la plus grande ennemie des mortels

Il était une fois un homme qui vivait heureux et en paix avec lui-même et le monde, jusqu'au jour où – peut-être par curiosité absurde, peut-être par pure légèreté – il se demanda si la vie avait ses propres règles. Ce qu'il entendait par là, ce n'était pas le fait, évident, que chaque pays a ses codes juridiques, ou que roter après un repas est grossier dans certaines sociétés alors que dans d'autres c'est un compliment à la maîtresse de maison; ou encore qu'on ne devrait pas gribouiller des graffiti obscènes sur les murs quand on ne connaît pas les règles de l'orthographe. Non, là n'était pas le problème; ces règles inventées par les hommes pour les hommes ne l'intéressaient pas beaucoup. Ce qu'il voulait savoir, ce qu'il avait soudain besoin de savoir, c'était si la vie avait ses propres règles, tout à fait indépendantes de nous.

Si seulement il ne s'était jamais posé cette

maudite question ! Car elle marqua la fin de son bonheur et de sa tranquillité. Elle le mit en effet dans une situation difficile – comparable à celle où le mille-pattes se trouva le jour où le cafard lui demanda comment il faisait pour mouvoir autant de pattes avec autant d'élégance et de facilité : dès lors que le mille-pattes commença à penser, il devint incapable de marcher.

Ou, moins trivialement, il arriva à notre homme la même chose qu'à saint Pierre le jour où il sauta du bateau et commença à courir vers le Christ qu'il voyait marcher sur le lac – jusqu'à ce qu'il se rende compte qu'il était en train de faire quelque chose de totalement impossible : il s'enfonça alors rapidement dans l'eau et se noya presque. (C'est bien connu, les marins et les pêcheurs ne savent généralement pas nager.)

Notre homme était bien trop fin, et c'était en partie son problème. Donc, pensa-t-il, la question de savoir si le monde a un ordre intrinsèque équivalait à celle de sa sûreté (et donc de la sienne propre), et la réponse à cette question devait être *oui* ou *non*. Si c'était *non*... mais là, déjà, il hésita. Un monde sans nécessité, une vie sans un ordre auquel se fier? Mais alors, comment aurait-il pu vivre heureux jusqu'à maintenant, sur quoi avait-il fondé ses décisions? Cela ne signifierait-il pas que la certitude tranquille qu'il avait quant à sa place dans le monde, et la logique sereine et évidente de ses actions étaient totalement absurdes et irrationnelles? Ainsi, il avait mangé du fruit de l'Arbre de la Science, mais la connaissance qu'il en avait tirée ne faisait que lui prouver son ignorance. Mais au lieu de se précipiter dans les eaux du lac Génésareth, il tomba dans le repaire souterrain d'où le anti-héros de Dostoïevski proférait ses tirades contre le monde situé au-dessus de lui :

«Je jure, messieurs, qu'être conscient est une maladie – une vraie maladie. [...] Vous savez, le fruit immédiat et légitime de la conscience, c'est l'inertie, c'est-à-dire, rester consciemment assis-les-mains-croisées.»

Non, il ne voulait pas devenir quelqu'un comme le célèbre écrivain de *Dans un souterrain.* Un pessimiste dira probablement qu'il n'en était *pas encore* là. Car il espérait encore découvrir que le monde était fondé sur la logique, la raison, et la prévisibilité; mais cet espoir est évidemment un excellent passeport pour le souterrain de Dostoïevski. Enfin, dans la mesure où il ne pouvait accepter ce *non* pour réponse, il commença à chercher des preuves en faveur du *oui.* Et, puisqu'il vaut toujours mieux s'adresser au Bon Dieu qu'à ses saints, il s'en alla consulter un ambassadeur de la Reine des Sciences, un mathématicien.

Si seulement il n'y était pas allé! Il est impossible de rapporter ici leur interminable conversation car, pour commencer, le mathématicien croyait, comme beaucoup de ses collègues, s'exprimer dans des termes tout à fait simples et évidents que même un enfant comprendrait, sans se rendre compte que son interlocuteur ne le comprenait pas. Plusieurs fois notre homme tenta de l'interrompre poliment; ce qui l'intéressait, ce n'était pas de savoir si la suite des nombres premiers est infinie : il voulait plutôt qu'on lui dise si les mathématiques donnaient des règles claires et évidentes permettant d'arriver à des décisions correctes dans les situations de la vie pratique, ou des lois fiables qui permettent de prédire des événements futurs. Alors, enfin, le mathématicien pensa avoir compris ce que son interlocuteur attendait de lui. Mais bien sûr, ces problèmes ressortissaient à un domaine particulier des mathématiques, celui de la théorie des probabilités et de son application aux statistiques. Par exemple, sur la foi de données rassemblées pendant des années, on pouvait affirmer avec une probabilité proche de la certitude que le trafic aérien était sûr à 99,92 %, et que seulement 0,08 % des passagers étaient tués dans des accidents d'avion. Quand notre homme voulut savoir auquel des deux pourcentages il appartenait, le mathématicien perdit patience et le jeta dehors.

Il n'est pas très utile de décrire la longue, douloureuse, et coûteuse quête dans laquelle notre homme s'embarqua, et qui lui fit rencontrer la philosophie, la logique, la sociologie, la psychologie, la théologie, quelques cultes étranges, et diverses explications du monde de qualité douteuse. Il arriva quasiment au même résultat qu'avec l'entretien avec le mathématicien : il avait chaque fois une lueur d'espoir que la discipline en question lui livre la réponse finale; mais chaque fois surgissait quelque obstacle ou complication qui repoussait la certitude finale dans un lointain futur – par exemple, à la fin des temps, à l'acquisition d'un degré de conscience supérieur, ou à l'arrivée de quelque chose dont personne ne pouvait dire si cela se produirait effectivement.

Nous avons déjà mentionné le seul effet tangible de cette quête : alors qu'il prenait la vie avec une confiance candide et une innocence tout enfantine, il devint de plus en plus obsédé par la sécurité. Et il trouva lui-même étonnant qu'il ait réussi à mener une existence sûre et tranquille tout ce temps où il ne s'était jamais préoccupé de sécurité, alors que maintenant, il se sentait de moins en moins en sécurité, jusqu'au point où il dut prendre des précautions pratiques pour parer à des dangers apparemment de plus en plus nombreux. L'étrangeté de ses comportements laissa tout le monde perplexe. Sans entrer dans les détails, il suffira de dire qu'il s'agissait d'actes plus que superstitieux. Nous savons tous que ces petits trucs, comme toucher du bois, ne sont pas fiables. Tandis que les précautions que notre homme prenait étaient parfaitement efficaces. Bien sûr, cette fiabilité absolue était peut-être en partie due au fait que les dangers qu'elles devaient écarter n'existaient tout simplement pas; comme, par exemple, la malaria dans le Nord du Groenland, ou ces éléphants des forêts d'Amérique que l'on peut sans risque tenir éloignés en tapant dans ses mains toutes les dix secondes. Le problème, c'était que chacune de ces mesures ne le protégeait que d'un danger particulier, alors que le nombre de dangers imaginables est infini : combien de périls possibles échappaient à ses mesures de précautions! Mais il y avait autre chose : il se rendit de plus compte qu'au fur et à mesure qu'il essayait de faire du monde un lieu sûr pour tous, ses semblables réagissaient de façon plus étrange. On l'évitait, les mères écartaient leurs enfants de son chemin, on chuchotait et riait dans son dos. Il en fut inquiet, son sentiment d'insécurité augmenta, et il devint encore plus circonspect. Plus il essayait de se protéger, plus il ressentait un besoin de protection.

Mais même quand il n'y avait personne pour l'inquiéter, les dangers continuaient de croître. Il commença par exemple à s'intéresser aux horoscopes dans les journaux. Les prédictions positives et réjouissantes se vérifiaient ou non. Qu'elles ne se réalisent pas était décevant, mais au moins elles ne représentaient pas un danger. Les prédictions alarmantes, par contre, se révélèrent d'une certaine manière incomparablement plus fiables. Donnons juste un exemple : un matin, au petit déjeuner, il lut que les personne nées sous son signe astral (environ 330 millions) devraient être particulièrement prudentes ce jour. L'impact de cette révélation fut tel qu'il en renversa son café; mais cette petite mésaventure n'était évidemment pas assez grave pour qu'il pût considérer le danger comme écarté. Il décida donc de se rendre à son travail à pied plutôt qu'en voiture. Marcher est manifestement plus sûr que conduire, mais chaque treizième pas représente un danger, pour ne rien dire de la treizième marche d'un escalier. Quand il arriva à cette marche, dans un passage pour piétons souterrain, il sauta sur la quatorzième pour l'éviter, trébucha, et se fit un bleu au genou. L'horoscope avait donc raison! Dans la mesure où il n'avait pas reçu une éducation classique, et n'avait pas (encore) été analysé, il ne connaissait pas son célèbre ancêtre, Œdipe, pas plus qu'il ne savait que l'oracle de Delphes avait dit à ses parents qu'il tuerait son père et épouserait sa mère. Tout ce qu'Œdipe et ses parents firent pour échapper à cette malédiction était précisément ce qu'il fallait faire pour que la prédiction se réalise. (Avec la sagesse que l'on peut avoir rétrospectivement, il nous est bien sûr aujourd'hui facile de soutenir que toute l'affaire aurait pu être évitée si les parents avaient fait un pied de nez à la pythie.)

Mais revenons-en à notre homme. Les années passaient, et son problème persistait. Loin de se résoudre, il devenait au contraire plus subtil et plus général, et d'ailleurs, en un certain sens, plus respectable. Car ce qui le préoccupait désormais, ce n'était plus la sécurité pure et simple, mais un nouveau sentiment à l'égard du monde et de sa propre vie; il ressentait un désir pour lequel il ne trouvait que des noms imprécis, comme bonheur ou harmonie; quelque chose dont il faisait l'expérience en d'étranges moments où il se sentait touché, de façon incompréhensible, par une musique ou par d'autres expériences en apparence tout à fait banales. Mais nous allons maintenant abandonner provisoirement notre homme pour le retrouver à la fin du livre. Car, afin de mieux le comprendre, il nous faut d'abord examiner un certain nombre d'autres ultrasolutions.

Deux fois plus n'est pas nécessairement deux fois mieux

«Ce Dr Xylmurbafi connaît vraiment son métier», remarqua avec joie M. Hypochond en s'adressant à sa femme. «Je n'ai pris ce médicament qu'un jour, et je me sens déjà beaucoup mieux.» Et il avait raison d'être content, car ses autres médecins avait été incapables d'arriver à une amélioration. Rien de surprenant donc à ce qu'il ait absolument voulu accélérer le processus de sa guérison. Ce qui fut tout de même moins évident, c'est que cela fit de lui la proie facile d'une des plus anciennes et banales idées d'Hécate, à savoir que deux fois plus est nécessairement deux fois mieux. Il doubla ainsi la dose des médicaments qu'il prenait, et jeudi dernier, on l'admettait au service des urgences de notre hôpital local.

Et alors, se demande peut-être le lecteur, qu'y a-t-il de si remarquable à cela? Ce à quoi on pourrait répondre que c'est précisément cette condescendance qui rend aveugle à un tel danger. Pour ce qui concerne les médicaments, nous sommes probablement pour la plupart plus intelligents que M. Hypochond. Mais à part cela, nous ne sommes en rien protégés contre de telles ultrasolutions comme bien des gens dont la profession est de régler des problèmes l'ont appris à leurs dépens.

Prenons l'exemple de ce que l'on peut appeler la manie de la multiplication. Quoi de plus logique, en apparence, que de penser qu'une solution, une fois qu'on l'a trouvée et constamment appliquée avec succès, doit pouvoir régler des problèmes de plus en plus vastes? Mais cent fois plus n'est cent fois plus la même chose que dans l'abstraction des mathématiques. Le truc qu'Hécate applique à ces situations et qui mène aux échecs les plus inattendus et «illogiques» consiste à faire rapidement passer les choses, au moment le plus crucial, de la quantité à la qualité. Et c'est ce saut qui surprend totalement la raison et le bon sens.

A manger du gâteau tous les jours, on finit par s'en dégoûter; cela semble évident. Que, dans la construction des ponts, il y ait une limite à la portée de l'arche, cela ne surprend même pas le profane. A un certain point, trop c'est trop. Mais, se demande peut-être le lecteur, qu'est-ce que cela a à faire avec la qualité, avec le fait de se transformer en quelque chose d'autre plutôt qu'en *plus de la même chose?* Prenons quelques exemples.

Beaucoup de grandes entreprises qui ne produisent pas seulement des produits déjà connus, mais cherchent aussi à créer des produits nouveaux ou plus perfectionnés, passent par des crises tristement identiques : toutes sont en partie liées aux problèmes engendrés par une conception simpliste du grossissement et de la multiplication. Voici à peu près comment fonctionne le cercle vicieux dont il est ici question. Après de longs et coûteux essais, les scientifiques du département pour la recherche et le développement de l'entreprise parviennent à mettre au point le prototype d'un produit nouveau, fabuleux, qu'ils ont minutieusement testé : ils le présentent avec fierté aux ingénieurs de production. Mais, aux yeux de ceux-ci, le nouveau gadget se révèle avoir de graves défauts qui excluent sa commercialisation. Dès lors, c'est la guerre entre les deux départements. «Ce n'est tout de même pas trop vous demander que de prendre ce macro-micro-compensateur-en-parallèle qui fonctionne parfaitement, tel que vous le voyez devant vous sur la table, et de le produire en masse», ronchonnent les scientifiques. Mais les experts en production voient les choses différemment : «Il fonctionne peut-être très bien dans vos têtes d'intellectuels, mais seulement là, pas dans le monde réel. Voici les cinq cents premiers, construits exactement selon vos propres spécifications : ils sont bons à jeter!» Et ce qui est particulièrement réjouissant pour Hécate dans de pareilles situations, c'est que les deux parties ont à la fois raison et tort. 500 macro-micro-compensateurs-en-parallèle ne sont pas simplement bien plus nombreux que le prototype : ils peuvent être totalement différents. Dans un cas similaire, on se rendit compte que le département pour la recherche s'était servi d'une petite centrifugeuse de laboratoire pour produire une émulsion, alors qu'à ce même effet, les ingénieurs de la production avaient construit un énorme mélangeur cubique. Mais le produit de ce réservoir n'avait pas la même consistance que celui de la centrifugeuse. Face à une telle crise, il arrive que la direction ait recours à l'ultrasolution permettant de sauver ce qui peut encore l'être, et se reconvertisse dans la production de spaghetti.

Trop théorique et pas assez convaincant? Très bien, prenons deux autres exemples.

Il est de loin moins économique de transporter une même quantité de pétrole brut dans deux petits tankers que dans un seul de capacité double. En multipliant le tonnage par deux, ou même par cinq, on a l'impression d'avoir recours à l'évidente solution du «plus de la même chose». Mais, à la grande surprise des experts, plus de la *même* chose se révèle une fois de plus être quelque chose d'*autre*. Au-delà d'un certain tonnage en effet, ces géants flottants commencent à se comporter d'une autre manière que leurs prédécesseurs plus petits : ils doivent être gouvernés différemment. Plusieurs catastrophes pétrolières de ces dix dernières années, qui se sont produites en plein jour et par mer calme, eurent cette différence pour origine. On se rendit de plus compte qu'ils ont la mauvaise habitude d'exploser quand on s'y attend le moins, c'est-à-dire quand ils sont en route vers les terminaux de chargement, et que l'équipage s'affaire à arroser d'eau de mer les cales vides.

Le second exemple est peut-être moins instructif. Pour protéger des intempéries (essentiellement la pluie et la foudre) les immenses fusées spatiales, l'Agence spatiale américaine décida de construire un hangar aussi immense. On construisait ce type de bâtiments depuis au moins quatre-vingts ans; il semblait donc qu'il suffisait de multiplier les dimensions des plus grands hangars existants par dix, ou peut-être plus. Dans son livre très amusant, *Systemantics* (4*), John Gall raconte que, probablement de nouveau à la grande surprise des experts,

* Les chiffres entre parenthèses renvoient à la bibliographie en fin de volume.

on remarqua qu'un espace fermé de cette dimension (c'est tout de même la plus grande construction du monde) a son propre climat intérieur, c'est-à-dire des nuages, de la pluie, et des décharges d'électricité statique : il produit donc de l'intérieur les phénomènes contre lesquels il est supposé protéger.

M. et Mme Machin, du département des Alpes-Maritimes, eurent recours à une ultrasolution pour l'essentiel identique; ce qui prouve que les techniques d'Hécate fonctionnent aussi bien à grande qu'à petite échelle. Les époux Machin souhaitaient tendrement avoir des enfants, mais les années passaient sans que leur souhait se réalisât. Puis, alors qu'ils avaient quasiment perdu tout espoir, Mme Machin fut enceinte, et donna en temps voulu naissance à un petit garçon. La joie des parents fut indescriptible, et ils voulaient que le prénom de l'enfant reflétât et glorifiât cette bénédiction. Après maintes recherches et délibérations, ils décidèrent finalement de l'appeler Formidable. Il s'avéra cependant que ce nom excentrique était pour le moins mal choisi puisque le garçon restait chétif et de petite taille. Et, même adulte, il continua à être constamment la cible de plaisanteries d'une invariable bêtise, toutes inspirées de la contradiction manifeste entre son prénom et son apparence physique. M. Machin souffrait en silence, mais, sur son lit de mort, il dit à sa femme : «Toute ma vie j'ai supporté ce prénom idiot, je ne veux pas qu'il soit perpétué sur ma tombe. Écris dessus ce que tu voudras, mais ne mentionne pas mon nom.» La femme promit de respecter sa volonté, il mourut, et, dans la mesure où leur mariage n'avait effectivement été qu'affection et harmonie, elle commanda une pierre tombale sur laquelle était inscrit : «Ci-gît un homme qui fut toujours prévenant et fidèle envers sa femme.» Et tous ceux qui, en passant devant sa tombe, lisaient l'inscription ne manquaient pas de remarquer : «Tiens, c'est formidable*.»

Quiconque a fait, ne serait-ce qu'une fois, l'expérience de ce brusque renversement (aussi imprévu qu'imprévisible) d'une tentative de solution en son contraire – c'est-à-dire en «plus du même problème» – n'aura aucune difficulté à tirer la mauvaise conclusion et à tomber dans le piège d'une autre ultrasolution, rigoureusement à l'opposé de celle que nous venons de décrire. Elle est l'objet des chapitres suivants.

* En français dans le texte.

Le mal du bien

Nous examinerons maintenant une idée encore plus «logique» que celle dont nous venons de traiter (deux fois plus est nécessairement deux fois mieux); à savoir, la conclusion naïve que si quelque chose est mal, son contraire doit être bien. Personne ne semble savoir avec certitude d'où elle vient, mais les philosophes et les spécialistes d'histoire religieuse l'attribuent généralement à Mani (216-276 ap. J.-C.), fondateur d'une religion gnostique (le manichéisme) dont la rapide expansion devança un certain temps celle du christianisme. Elle prônait un dualisme radical, un antagonisme irrémédiable entre les forces du bien et du mal, la lumière et les ténèbres, l'esprit et la matière, Dieu et le Diable – un conflit que seule pouvait résoudre la victoire finale et totale de l'Esprit. Mais nos ancêtres durent-ils attendre Mani pour séparer le monde en paires de concepts opposés? Après tout, Adam et Ève, après avoir déjà mangé le fruit de l'arbre de la connaissance, commencèrent à distinguer le bien du mal, et même les animaux semblent très bien s'accommoder de cette philosophie. Manger, c'est bien, avoir faim, c'est mal, et être mangé, c'est encore pire. La vie est ainsi faite, il n'est pas nécessaire d'être philosophe pour le comprendre. Et alors?

Heureusement ou – comme vous préférez – malheureusement, les choses ne sont pas aussi simples. Afin d'éclairer notre propos, considérons la vie d'un personnage, fictif seulement en apparence, qui voulait vivre selon cette philosophie manichéenne des opposés. Je dis qu'il est «fictif seulement en apparence» car le lecteur le rapprochera facilement d'un grand nombre de personnalités, dans différentes parties du monde, du passé le plus lointain jusqu'à aujourd'hui. Donnons-lui le nom exotique d'Ide Olog.

Rien de très particulier ne nous semble devoir être rapporté des premières années de la vie d'Olog, si ce n'est qu'il était un enfant très sensible. Pourtant (ou peut-être précisément à cause de cela) son enfance avait ceci de remarquable qu'elle était protégée de tout désagrément, désenchantement, ou même déception. En effet, ses parents – partisans tardifs d'une «éducation tolérante» – n'avaient jamais rien exigé de lui. Il n'était de ce fait aucunement préparé à ce qui s'abattit sur lui quand il quitta le bonheur illusoire de son foyer. Il vécut alors un désastre comparable à l'épisode biblique de l'expulsion du paradis, car, comme Adam et Ève, il prit lui aussi conscience de la séparation du monde en un bien et un mal. Avec toutefois une différence importante entre lui et notre ancêtre : Adam parvint d'une certaine manière à s'arranger de la pagaille dans laquelle il se retrouva, alors qu'Olog enrageait contre ce qui pour lui équivalait à une soudaine violation de ses droits civiques : le fait que son environnement refusait de se plier à chacun de ses besoins et désirs, et à chacune de ses lubies. Le monde ne tournait pas rond; mais, contrairement à Hamlet, il ne voyait aucune malédiction dans le fait d'être né, comme il le pensait, pour y rétablir l'ordre.

Sans le savoir, il se mettait ainsi sur la liste de recrutement des sorcières. Car exactement comme les services d'espionnage sont constamment à la recherche de joueurs, d'alcooliques, de drogués, de fauchés et d'individus sexuellement surmenés, que l'on peut facilement faire chanter, Hécate et ses sorcières s'intéressent toujours beaucoup à ces types qui non seulement veulent établir l'*ordre* dans le monde, mais ont aussi l'intention de le rendre *heureux*.

«Ce jeune Olog est vraiment très prometteur», dit la première sorcière qui le filait depuis un bon moment. «Rendez-vous compte, aujourd'hui au bureau de poste, il a piqué une colère noire parce qu'on lui avait demandé tout de go de faire la queue et d'attendre son tour comme tout le monde. Maintenant, il est assis chez lui et rumine.»

«Ah, j'adore les boudeurs», dit la deuxième sorcière, «surtout ceux qui font des enfants aussi facilement qu'ils font la tête!»

Hécate, intéressée, sollicita les suggestions de son équipe. Elles se mirent finalement d'accord sur une procédure dont nous allons maintenant brièvement décrire le cours et le succès.

Elles commencèrent par mettre dans la tête d'Olog la ferme conviction que sa vision du monde était la seule qui fût juste et vraie. Atteindre ce premier objectif ne provoqua pas trop de difficultés, car l'esprit d'Olog était à peu près aussi vaste qu'un écran de télévision; lui fut donc épargnée la tristesse de se rendre compte que les ingénieuses solutions qui apparaissent constamment dans leur pureté virginale, au-dessus de l'horizon du levant, ont déjà fait une première apparition au moins quarante ans plus tôt, avant d'être précipitées dans le tout-à-l'égout des idées, au-dessous de l'horizon du couchant.

La seconde étape fut presque instantanément couronnée de succès. Il s'agissait d'amener Olog à se demander pourquoi il avait si clairement conscience de tout le mal dans le monde, alors que les autres continuaient à vivre leurs sombres et passives existences, résignés à accepter les choses telles qu'elles étaient. Ce devait être le fait de quelque force sinistre, une force qui... attendez, voyons..., oui, c'était bien ça : une force qui *mystifiait* l'humanité! Dès lors, le phénomène avait un nom, mystification, et puisqu'il avait un nom, c'était bel et bien un phénomène, une chose réelle, qui existait, que l'on pouvait vérifier. Quelqu'un suggérera peut-être qu'il existe des noms qui ne désignent pas une chose? Des noms sans substance, comme les angelots des peintures baroques, qui ont une tête et des ailes, mais pas de corps? La réponse est non : découvrir le nom, c'est découvrir la chose. Si ce n'était pas le cas, nous aurions bien des problèmes; car que ferions-nous sans l'éther, le phlogiston, les rayons terrestres, l'influence des planètes, la schizophrénie, la phrénologie, la caractérologie et la numérologie? Et ne voyez-vous que pure coïncidence dans le fait que le prénom et le nom de notre héros se soient accolés pour former le terme *idéologie?* Mais nous n'en sommes pas encore là.

Demandons-nous plutôt qui mystifie? Manifestement, ceux qui ont un intérêt direct à maintenir les masses dans leur stupide résignation face à l'imperfection du monde – en d'autres termes, ces funestes puissances qui barrent la route à une humanité marchant triomphalement vers le paradis terrestre. Mais qui sont-elles? Et où sont-elles? Il est notoirement difficile de trouver quelqu'un si l'on n'a pas la moindre idée de l'endroit où il se trouve. En comparaison, il semble beaucoup plus facile de s'occuper de cette affaire en choisissant la direction opposée : c'est-à-dire galvaniser les masses et leur montrer la vérité. Vous rendez-vous compte à quel point Olog excellait déjà dans la maîtrise du mode de pensée manichéen, et de ses paires de concepts opposés : le vrai et le faux, le juste et l'injuste, la liberté et la soumission, le bonheur et le malheur, et surtout, le bien et le mal?

Comprenez-moi bien : Olog était de la trempe d'un Parsifal, un naïf qui voulait le vrai bonheur, non pas seulement pour quelques élus, mais pour tous, sans exception – y compris et surtout ceux qui sont encore incapables, parce que trop obtus, de saisir son idée de solution finale. Mais, avec cette idée, il avait atteint ce point critique où le *même* devient quelque chose d'*autre,* et où les événements prennent une tournure qui leur est propre. Dès lors, il n'y avait plus de différence essentielle entre Olog et Macbeth, si ce n'est, bien sûr, qu'Olog ne baignait pas (encore) dans le sang, et que Macbeth n'était habité par aucune ardeur missionnaire. Après tout, Macbeth n'était pas un idéologue, mais «simplement» un individu assoiffé de pouvoir, un criminel violent, obsédé par l'idée de s'en tirer impunément.

Alors comment, dans son idéalisme, Olog en arriva-t-il finalement à déposer une bombe à retardement dans un grand magasin noir de monde, provoquant la mort de plusieurs personnes et en mutilant beaucoup d'autres?

Il devient maintenant nécessaire de mentionner quelque chose dont je n'ai pas encore parlé. Jusqu'à présent, le lecteur a peut-être eu l'impression qu'Hécate impose ses ultrasolutions à un monde faible et sans défense qui, au mieux, prend conscience de la menace d'un désastre quand il est beaucoup trop tard pour l'éviter. (Max Frisch, dans sa pièce *Bierdermann et les Incendiaires**, rend très bien compte de cette situation désastreuse : «... Jusqu'à ce qu'il soit trop tard pour éteindre le feu [...] Ce que vous nommez Destin immuable [...] N'est que connerie.») Mais il existe tout de même des individus qui parviennent à anticiper les coups d'Hécate et à faire échouer ses

* Max Frisch, *Bierdermann et les Incendiaires,* trad. fr. de M. Pilliod, *L'Avant-Scène,* n° 587, mai 1976 *(NdT).*

machinations. Nous rencontrerons au moins quelques-uns de ces loups déguisés en agneaux dans les exemples que je vais donner. L'un d'eux est le philosophe Hermann Lübbe qui, en définissant le processus d'«auto-autorisation à user de la violence»(10), rendit l'acte de terrorisme d'Olog moins incompréhensible. Car celui qui commence par n'être qu'une voix qui crie dans le désert, avec peut-être sur son visage le «pâle voile de la pensée», sans jamais rencontrer personne qui veuille l'écouter, se voit tôt ou tard contraint par ses fantasmes à jouer le rôle du chirurgien à qui la providence demande d'appliquer le scalpel pour le plus grand bien de l'humanité qui souffre sans même le savoir. Et un chirurgien, nous le savons tous, ne doit-il pas couper? Ou, pour dire les choses plus prosaïquement : on ne fait pas d'omelette sans casser des œufs.

Pour conclure sur son cas, je mentionnerai simplement qu'une seule chose étonnait profondément Olog : c'était que son acte héroïque avait eu un effet totalement imprévu. Au lieu de déstabiliser la structure du pouvoir établi et ses détestables mystifications, il remplit d'horreur tout le monde, au point que même ceux qui n'étaient généralement pas d'accord sur un grand nombre de questions sociales et politiques s'unirent pour demander que l'ordre existant fût renforcé. Mais il va sans dire que ce résultat totalement inattendu l'incita à se lancer dans des atrocités encore plus folles.

Voilà pour Olog, l'idéologue. Le lecteur verra peut-être les choses tout à fait différemment. Qu'il me soit seulement permis de faire remarquer qu'il y a déjà 2 500 ans Héraclite, le grand philosophe du changement, nous a avertis que les actes extrémistes ne mènent jamais à la victoire finale, mais, au contraire, ne font que renforcer l'extrême opposé. Mais qui Héraclite peut-il bien intéresser? C'est tellement plus noble et héroïque d'adopter une idée, absolument et sans condition, même si on finit par se salir les mains, et qu'on entend résonner le fameux poumpompoum-poumm du destin qui frappe à la porte.

Les sorcières, en tout cas, jubilaient. Une fois de plus, elles avaient réussi ce tour mesquin qui consiste à utiliser ce qu'il y a de mal dans le bien pour réaliser leurs sinistres projets. Ce qui me permet enfin d'en arriver là où je voulais. Nous avons vu dans le chapitre précédent que deux fois plus n'est pas nécessairement deux fois mieux. Et nous commençons maintenant à soupçonner que l'opposé de quelque chose de mal n'est pas nécessairement bien, et peut même parfois être encore pire. C'est dans la spiritualité bien trop pure de la Grèce classique qu'éclata l'obscure et chaotique frénésie de

Dionysos. La vénération exaltée de la féminité dans le culte de la Vierge Marie et dans l'amour courtois eut pour compagnon de route l'indicible inhumanité de la chasse aux sorcières. La religion de l'amour reposa un temps sur l'Inquisition. Pour imposer ses idéaux, la Révolution française dut avoir recours à la guillotine. Le shah eut l'ayatollah pour successeur. Les sandinistes remplacèrent les somozistes. Et, à Saigon, on se demande peut-être encore qui furent les pires, les libérateurs venus de l'autre côté du Pacifique, ou ceux qui descendirent de Hanoi.

Pourquoi ? Parce qu'il y a quelque chose de fondamentalement faux dans le fait de croire que le contraire du mauvais doit nécessairement être bon – et non pas seulement parce que le bien n'est pas encore assez bien, ou parce que le mal n'a pas encore été totalement éliminé.

«... Je me suis embrouillé dans mes propres données, et ma conclusion se trouve en contradiction directe avec l'idée fondamentale du système. Partant de la liberté illimitée, j'aboutis au despotisme illimité. J'ajoute à cela, cependant, qu'il ne peut y avoir d'autre solution au problème social que la mienne.»

C'est ce que le philanthrope Chigaliov affirme dans *les Démons** de Dostoïevski. Et

* Dostoïevski, Fedor M., *Les Démons,* Paris, Gallimard, Bibl. de la Pléiade, p. 425 *(NdT).*

Berdiaev, un disciple de Dostoïevski, dit quelque chose de semblable sur l'idéal de liberté :

«... On ne peut identifier la liberté au bien, à la vérité, ou à la perfection : elle est par nature autonome, c'est la liberté, et pas le bien. [...] Toute identification ou confusion de la liberté avec le bien et la perfection entraîne la négation de la liberté et un renforcement des méthodes de coercition; le bien obligatoire cesse d'être le bien par le fait même qu'il est obligatoire» (2).

Dans un discours adressé à Napoléon Ier, le Sénat dit : «Excellence, la recherche de la perfection est une des pires maladies qui puissent atteindre l'esprit humain.» Et, pour C.G. Jung, tout extrême psychologique renferme «secrètement son contraire, ou se trouve d'une certaine manière en relation intime et essentiellement avec celui-ci» (7). Enfin, 2300 ans avant lui, Lao Tseu, avec son style d'une inimitable limpidité, décrivit l'émergence du mal de l'existence même du bien, et *vice versa :*

«Quand le grand Tao fut délaissé, il y eut l'humanité, la justice. Puis la sagesse, la prudence parurent, et l'hypocrisie fut générale.

«Dans la famille, les membres se méconnurent; il y eut l'affection des parents, la piété filiale.

«Les États souffrirent de la corruption, du désordre, il y eut des fonctionnaires fidèles.*»

Ce ne sont pas des explications, mais des descriptions d'un aspect de notre monde : celui qui pose le bien absolu pose aussi par là même le mal absolu. La poursuite du plus haut idéal, quel que soit le nom qu'on lui donne – sécurité, patriotisme, paix, liberté, bonheur, etc. –, est une ultrasolution, une force qui – pour parodier Goethe – cherche toujours le bien et crée toujours le mal.

Mais, de grâce, si vous vivez dans certains pays, gardez ces idées pour vous, car autrement, vous risqueriez de finir dans un «camp de rééducation», ou de vous faire fracasser le crâne par quelques combattants de la paix...

* Lao Tseu, *Tao-tö King,* Paris, Dervy-Livres, 1978, p. 32 et 38 *(NdT).*

Le (prétendu) tiers exclu

Peut-être exagéré-je et les choses ne sont-elles pas aussi terribles... Mais le monde manichéen, nettement divisé en paires de concepts opposés, ne serait certainement pas aussi ordonné s'il existait beaucoup d'individus comme Franzi Wokurka de Steinhof, une petite ville d'Autriche. Les tribulations de Franzi – dont nous traiterons maintenant – atteignirent leur apogée alors qu'il avait environ treize ans. Il était assis dans le parc Beethoven, à Steinhof, en face d'un grand parterre de fleurs, quand il vit une pancarte portant l'inscription « Ne pas dépasser cette limite ». Ce qui le ramena à un problème qui le préoccupait de plus en plus depuis quelques années. Une fois de plus, il se trouvait dans une situation qui ne semblait laisser le choix qu'entre deux possibilités, toutes les deux inacceptables. *Ou bien* il se montrait libre face à cette interdiction opprimante, et commençait à marcher dans les fleurs – en risquant de se faire prendre –, *ou bien* il restait à l'extérieur du parterre. Mais la seule pensée de faire preuve d'autant de lâcheté, d'obéir à cet écriteau stupide, lui fit bouillir le sang. Il resta longtemps là, devant la pancarte, indécis, ne sachant à quel saint se vouer, jusqu'à ce que, tout à coup, peut-être parce qu'il n'avait encore jamais regardé des fleurs assez longtemps, une idée totalement différente lui vint à l'esprit : *Ces fleurs sont magnifiques.*

Cher lecteur, vous trouvez cette histoire insignifiante? Si c'est le cas, je ne peux que vous dire ceci : au moins le jeune Wokurka, quant à lui, ne fut pas de cet avis. Cette idée subite déferla sur lui comme une vague qui vous soulève et vous transporte rapidement, sans que vous fassiez le moindre effort. Il prit soudain conscience du fait que l'on pouvait peut-être voir les choses sous un angle totalement différent et nouveau. Je veux ce parterre exactement comme il est, je veux cette beauté, je suis ma propre loi, ma propre autorité, se répétait-il sans cesse. Et soudain, la pancarte n'avait plus la moindre importance; le piège de l'opposition manichéenne «soumission ou rébellion, et rien d'autre» avait disparu. Bien sûr, l'euphorie ne dura pas, mais quelque chose de fondamental avait changé. Une légère mélodie s'était installée en lui; souvent complètement inaudible, elle retrouvait sa clarté chaque fois que le monde semblait s'enfoncer dans le fatras du *ou bien/ou bien.* Par exemple, quand il apprit à conduire, il bouclait toujours sa ceinture de sécurité, parce que c'était *lui* qui avait décidé que c'était raisonnable. Et quand, un peu plus tard, commença à faire rage le grand débat public sur la question de savoir si le gouvernement pouvait rendre obligatoire le port de la ceinture de sécurité, il se désintéressa complètement de tout ce raffut. Il était *en dehors* de la controverse.

Plus tard, il commença à réfléchir sérieusement et systématiquement sur la vie. Donnant libre cours à notre imagination, nous pouvons nous le figurer incapable désormais de comprendre la logique simpliste de la maxime biblique «qui n'est pas pour moi est contre moi». Quand il essayait de la comprendre, il se sentait comme cet homme à qui le juge demande : «Avez-vous cessé de battre votre femme? Répondez par oui ou par non», et le menace de l'accuser d'outrage à magistrat car, ne l'ayant jamais battue, il ne peut répondre ni oui ni non. Wokurka voyait désormais ce type de contrainte comme un mauvais rêve – comparaison bien venue car, quoi que l'on essaie de faire dans un cauchemar, courir, se cacher, se défendre, on ne se libère jamais de son rêve. Pour se libérer, il faut se réveiller, mais se réveiller ne fait pas partie du rêve, n'est pas du «plus de la même chose», mais un événement complètement différent, quelque chose d'*extérieur* au rêve.

Plus tard, à l'université, Franzi apprit que cette «chose radicalement différente et extérieure» cause même des dégâts dans la logique formelle : dans ce domaine, on l'appelle le «tiers exclu». Exactement comme dans le cas de la phrase de la Bible citée plus haut, la logique classique postule que chaque affirmation doit être vraie ou fausse, et qu'il n'existe pas de troisième possibilité *(tertium non datur)*. Mais vint ensuite «l'enfant terrible», le menteur qui dit : «Je mens.» S'il mentait vraiment, il disait la vérité; mais alors, son affirmation, «je mens», était un mensonge. Et, maintenant, en cette seconde moitié du XXe siècle, plus de deux mille ans après l'apparition de ce menteur, que faisons-nous de la phrase : «Le roi de France est chauve»? Vrai ou faux?

«Des types comme Wokurka vous feraient détester votre travail», rouspéta la deuxième sorcière. «Vous mettez votre temps et votre énergie à soigneusement construire une situation en apparence inébranlable qui ne laisse que deux possibilités, deux ultrasolutions, et voilà qu'un type en trouve une troisième et s'en va. Par exemple, je ne lui laisse le choix qu'entre la lâcheté et l'imprudence, et il choisit le courage. Ou encore, j'essaie de lui donner envie de quelque chose au point qu'il commence à craindre de ne pas l'obtenir, et il reste totalement indifférent. Récemment, j'amène des gens à lui faire dire s'il croit en Dieu : il hausse simplement les épaules et cite Kant, Comte et Spencer (peu importe qui ils sont), lesquels affirment que ce n'est pas un problème, car si Dieu existait, son existence resterait inaccessible à l'esprit humain. Donc, toujours selon Wokurka, ces éternelles chamailleries entre croyants et athées ne sont qu'un pseudo-problème; il se considère comme un agnostique. Et je sais même qu'en 1942, encore enfant, il montrait déjà des signes clairs de ce méchant défaut. Souvenez-vous, les choses commençaient à mal tourner pour notre cher Adolphe von Braunau qui, avec son extraordinaire talent pour les ultrasolutions, eut l'idée de faire imprimer des affiches sur lesquelles on lisait cette question simple : *Le national-socialisme ou le chaos bolchevique?* Ne pensez-vous pas que le premier imbécile venu comprendrait qu'il avait à choisir entre une armée de sauveurs aux yeux bleus et une bande de révolutionnaires porteurs d'un mal diabolique? Et que fit Wokurka? Il trouva le moyen de coller des étiquettes sur les affiches; on y lisait : *Patates ou pommes de terre?* Mon Dieu, si vous aviez vu la mine de nos amis quand ils virent que quelqu'un se moquait de leur définition officielle et absolue du bien et du mal ! C'était pour le moins dangereux d'agir ainsi, mais je pense que même comme candidat-suicide Wokurka est une déception. Cet homme est capable de trouver autre chose même quand il s'agit de choisir entre continuer à souffrir et se tuer. Il est dangereux, mettons-le à l'index. »

« Très bien », dit Hécate, « mais vous semblez oublier que nous avons eu affaire à des types comme celui-ci depuis aussi longtemps que je me souvienne. Rappelez-vous seulement de ce qui s'est passé en 1334 quand le maître du château de Hochosterwitz nous ridiculisa, nous et la duchesse du Tyrol, Margareta Maultasch, qui assiégions son château. Il ne restait plus que deux sacs d'orge et un bœuf aux assiégés qui devaient bientôt choisir entre mourir de faim ou se rendre. Et que firent-ils ? N'importe quel enfant connaît l'histoire. Ils ne choisirent ni l'une ni l'autre solution : ils abattirent le bœuf, le remplirent avec le reste de l'orge, et le jetèrent par-dessus les remparts juste devant le campement de Margareta. Alors elle pensa : "A quoi bon continuer le siège s'ils ont tellement à manger qu'ils en ont même pour moi ?" Et elle leva le camp. Ça alors, ce que les gens du château ont pu rire ! Bien sûr, tous des Autrichiens, comme Franzi Wokurka, ces "je-m'en-foutistes" de l'Occident comme l'un d'eux les appelle lui-même. Pour eux la situation est toujours désespérée, mais elle n'est pas grave.»

Après tout, le tiers exclu, le *tertium,* semble bien exister. Mais il vit sans doute en solitaire, à l'ombre du sens commun, pour lequel le monde est soigneusement et efficacement partagé en contraires irréconciliables. Lao Tseu ne l'appelait pas le *tertium* mais le Grand Sens. Toutefois, le problème avec ce nom, c'est qu'il a aussi un contraire, le Grand Non-Sens. Peut-être est-ce la raison pour laquelle, dans certaines religions, on ne peut nommer Dieu?...

Une «réaction en chaîne» de gentillesse?

De ce qui précède, il apparaît clairement que les sorcières ne connaissent pas grand-chose en logique ni en métaphysique. Mais même quand elles essaient de semer la pagaïe dans des domaines moins ésotériques, elles se heurtent à des difficultés imprévues mais non imprévisibles.

Prenons l'exemple caractéristique de l'étrange changement qui intervint dans la vie d'Amadeo Cacciavillani, habitant de la ville de Finimondo, au sud-est de Florence. Signor Cacciavillani était un exemple vivant de ce que dans la théorie mathématique des jeux on appelle un joueur à somme nulle. Cela n'a rien à voir directement avec le fait qu'il soit italien, car il existe des joueurs à somme nulle partout dans le monde – même à la Maison-Blanche et au Kremlin.

(Le terme de *jeu à somme nulle* renvoie à ce type de jeu dont l'exemple le plus simple est un pari entre deux personnes. Ce qu'une personne perd – par exemple, 500 francs –, l'autre le gagne. Si on additionne le gain – + 500 – et la perte – moins 500 –, on obtient la somme de zéro franc. En d'autres termes, le gain et la perte sont indissociables; l'un est impensable sans l'autre.)

Un joueur à somme nulle adopte, totalement et invariablement, la thèse manichéenne selon laquelle dans *toute* situation de la vie, il n'existe jamais *que* deux solutions : perdre ou gagner. Et, là encore, il n'existe pas de troisième possibilité. (Ou bien, comme un plaisantin le fit un jour remarquer, le monde est peuplé de deux sortes de gens : ceux qui pensent qu'il existe deux sortes de gens, et ceux qui ne le pensent pas.)

De temps immémorial, cette philosophie à somme nulle a été prêchée dans les écoles militaires et autres institutions similaires; toutefois, pour être honnête, il faut mentionner que certaines exceptions y étaient acceptées jusqu'à il y a encore deux cents ans. On considérait par exemple la parole d'honneur du général ennemi comme absolument fiable. Mais, depuis ces jours lointains, nous avons réussi à dépasser de telles suppositions superstitieuses.

Hécate continue, impitoyablement et de différentes façons, à apprendre aux jeunes à devenir des joueurs à somme nulle. J'ai déjà mentionné les militaires. Mais il ne faut pas oublier les entraîneurs sportifs et leur insistance sur l'extrême importance de gagner (ainsi que sur l'action instantanée, là aussi non encore ternie par le pâle voile de la pensée), et sur la honte de perdre. Enfin, il n'est nul besoin de s'étendre sur les effets exaltants des mass médias qui glorifient le pouvoir et encouragent à gagner par tous les moyens, honnêtes ou non. Cette philosophie a trouvé sa plus parfaite incarnation en Cacciavillani. Il vivait pour gagner en tout, et, de ce fait, avait constamment peur ou bien de perdre, ou bien que l'on profite de lui. Sa philosophie était donc simple mais inconfortable, car vivre dans un perpétuel état d'alerte peut ébranler les nerfs les plus solides et irriter la peau la moins délicate. Il va sans dire que dans la peur permanente de perdre, il se réjouissait de tout cœur des malheurs des autres. (Le lecteur a peut-être l'impression d'avoir un jour connu Signor Cacciavillani?) Enfin, il y avait quelque chose d'évident pour tout le monde sauf pour lui : ses continuelles attitudes agressives ou défensives *engendraient* les situations contre lesquelles il voulait précisément se protéger; ce qui ne faisait que confirmer la conception qu'il avait de la vie : celle d'une bataille permanente. Le pouvoir magique d'un jeu à somme nulle réside dans le fait qu'il impose des règles à pratiquement tout le monde – que les autres veuillent jouer à ce jeu ou pas.

Voilà donc le personnage présenté. Il y a environ un an et demi, par un sombre matin d'hiver, voici qu'il gare sa voiture dans une rue latérale proche de son bureau. A peine a-t-il parcouru une quinzaine de mètres à pied qu'il entend des pas rapides derrière lui et une voix inconnue lui dire : «Vous avez laissé les phares de votre voiture allumés.» Sans attendre, l'étranger se retourne et s'éloigne rapidement.

La première réaction de Cacciavillani – comment eût-il pu en être autrement? – est de se demander : «Que me veut-il? Quelle est son intention?» Mais l'inconnu ne semble pas s'intéresser davantage à lui; il a déjà disparu dans la foule des gens pressés qui se rendent à leur travail. Cacciavillani se tient là, essayant de comprendre ce qui vient de lui arriver. Ou peut-être serait-il plus juste de présumer qu'il se sentait à ce moment-là comme un scientifique qui vient de voir, dans son télescope, son microscope ou son tube à essai quelque chose qui contredit totalement une théorie établie. «Pourquoi cet homme, un parfait étranger, court-il derrière moi pour me dire que j'ai oublié d'éteindre mes phares?» Il se souvient alors d'avoir déjà *lui-même* remarqué des voitures dont les phares étaient restés allumés, et d'avoir pensé – avec une pointe de joie malicieuse dans son existence autrement si triste – au propriétaire qui se retrouve tard dans la nuit avec une voiture sans batterie.

Ce que Cacciavillani ne sait pas encore, c'est que la politesse de l'inconnu lui a imposé les règles d'un tout autre jeu. Toutefois, en marchant vers sa voiture, absorbé dans ses pensées, il a un vague sentiment d'obligation qui lui est totalement nouveau – l'obligation envers tout être humain se trouvant dans pareille situation. Puis le temps passe et cet incident reste sans suite. Mais, des mois plus tard, un événement décisif se produit : il trouve un portefeuille contenant une somme d'argent rondelette, probablement le salaire hebdomadaire de son propriétaire. Tout content de cette aubaine, il commence par se frotter les mains. Mais alors, juste à ce moment-là, il se souvient de l'étranger qui avait couru derrière lui, et sa joie en est quelque peu gâtée. Il regarde l'argent, la carte d'identité, et les quelques vieilles photos que contient le portefeuille; puis il met le tout dans sa poche, monte dans sa voiture, et roule, jusqu'à l'autre bout de la ville. Le propriétaire du portefeuille, qui habite une maison misérable, ne peut d'abord croire qu'on le lui ait rapporté. Cacciavillani lui explique brièvement où il l'a trouvé et, à sa très grande surprise, il a même plaisir à refuser la récompense qu'on lui offre, sans trop d'enthousiasme, d'ailleurs.

Par hasard, le propriétaire du portefeuille se trouvait être lui-même un joueur à somme nulle invétéré. «Fantastique, se dit-il, je n'aurais jamais pensé qu'on puisse me rapporter mon portefeuille. Mais je ne serais jamais assez stupide, je dois l'admettre, pour rendre à mon tour ce que j'aurais trouvé...» Il se trompait, car il ignorait alors que Cacciavillani lui avait à son tour imposé les règles de cet étrange jeu; et quand, par la suite, une situation comparable se présenta dans sa propre vie, lui aussi se montra «assez stupide».

La morale de l'histoire est que cet inconnu avait déclenché une réaction en chaîne qui ne prit pas fin avec Cacciavillani ou le propriétaire du portefeuille, mais continua de s'étendre en dépit de nombreuses rechutes chez tous les intéressés. Et Cacciavillani commença même à aimer cette manière de gagner, et cette sorte de «pouvoir» qu'il exerçait ainsi sur les autres.

Seules les sorcières n'aimèrent pas cela.

Les jeux à somme nulle

L'équipe d'Hécate avait raison d'être dégoûtée. Il arrive sans arrêt que même de très anciens joueurs à somme nulle se fatiguent finalement de persévérer dans ce que nous avons appelé des ultrasolutions. Et les cas mentionnés jusqu'à présent ne sont pas encore les pires. En un sens tout à fait réel, Cacciavillani, par exemple, persévéra dans un jeu à somme nulle en ce qu'il avait plaisir à exercer sur d'autres le «pouvoir» qu'il avait récemment découvert, et à se sentir ainsi victorieux. Mais cela est plutôt l'exception que la règle. Pour la plupart, ceux qui se trouvent pris dans une telle réaction en chaîne de gentillesse n'ont jamais l'idée d'exercer un pouvoir.

Si le lecteur n'est pas tout à fait convaincu par les cas que je viens de décrire, ou s'il les trouve hors de propos, les quelques exemples suivants dissiperont peut-être ses doutes.

Jusqu'à Hiroshima, la guerre était aussi

considérée comme un jeu à somme nulle puisque le territoire perdu par un État constituait nécessairement la conquête du «vainqueur». Peu importait que des millions de gens perdent leur vie en faisant la guerre; après tout, ils mouraient en héros *(dulce et decorum est pro patria mori),* et les véritables belligérants ne mouraient généralement pas eux-mêmes sur le champ de bataille, mais le plus souvent en retraite. Cependant, quoi qu'il en soit du fait de mourir en héros, ce n'est pas forcément l'activité que tout le monde préfère, non seulement pour soi-même, mais aussi quand il s'agit d'infliger cet honneur à un autre être humain – même s'il porte un uniforme de couleur différente. En Flandre, un des principaux champs de bataille de la Première Guerre mondiale, dans la boue, le désespoir, les gaz toxiques, le sang et la mort, apparut, spontanément, sans l'influence de quiconque, quelque chose que l'historien britannique Tony Ashworth(1) décrivit et illustra – le système du «vivre et laisser-vivre». Il remarqua qu'aucun des deux camps n'était excessivement obsédé par l'idée de battre l'autre. Le seul fait de penser qu'il fallait soi-même, exactement comme l'ennemi, non pas endurer passivement des conditions de vie inhumaines, mais au contraire contribuer activement à les maintenir, paralysa le mode de pensée «à somme nulle» qui aurait dû inspirer tout bon soldat. Il n'était pas rare que les tranchées de l'ennemi se trouvent à seulement une centaine de mètres; il eût donc été facile aux deux camps de se décimer réciproquement avec de simples grenades à main. Non seulement cela ne se produisit pas pendant des semaines, mais encore les deux camps développèrent ce qu'il faut bien appeler des sentiments amicaux l'un pour l'autre, en particulier en période de Noël. Selon Ashworth, «différentes formes de trêve se développèrent dans les tranchées», et, parfois, prirent «la forme d'un vaste et manifeste mouvement de fraternisation» (p. 24). Progressivement apparurent des rituels de non-agression spécifiques, néanmoins spontanés, respectés des deux côtés; on vit, par exemple, des patrouilles s'éviter réciproquement au beau milieu d'un *no man's land.* Voici la description d'une de ces rencontres dont Ashworth recueillit le récit :

«... nous nous trouvâmes soudain, au détour d'une butte, face à une patrouille allemande. Nous étions peut-être à deux cents mètres les uns des autres, et nous nous voyions parfaitement. Je fis un signe de lassitude de la main, comme pour dire : à quoi bon nous tuer les uns les autres? L'officier allemand sembla comprendre, et nos deux patrouilles s'éloignèrent en direction opposée vers leurs tranchées respectives. Conduite répréhensible, sans aucun doute» (p. 104).

Et il avait sacrément raison. Des deux côtés, les hauts commandements de l'armée s'alarmèrent de plus en plus de cette rapide détérioration de l'esprit de combat et de la discipline militaire. En février 1917, par exemple, l'officier commandant la 16e division d'infanterie britannique essaya d'enrayer cette épidémie en informant les soldats de l'ordre suivant :

«Le commandant divisionnaire souhaite qu'il soit clair pour tous que toute entente avec l'ennemi est strictement interdite. Aucune communication avec lui ne doit avoir lieu, et toute tentative de sa part de fraterniser doit être immédiatement réprimée. En cas d'infraction à cet ordre, des mesures disciplinaires seront prises» (p. 37).

Il ne semble pas exagéré de supposer qu'au moins en théorie cela dut rapprocher les hauts commandements des deux armées, également inquiets devant la rapide extension du système «vivre et laisser vivre».

Si le commandant de la division allemande se trouvant face à la 16e division britannique avait eu connaissance de l'ordre de son collègue, il l'eût probablement approuvé du fond du cœur (ou de ce qui lui en restait). En d'autres termes, étant donné la situation absurde qui était apparue, il eût été raisonnable et souhaitable pour les deux officiers d'agir de concert en vue de parer à un tel développement. Bien sûr, les choses n'en arrivèrent jamais à ce point. Mais, comme nous le voyons, les enchevêtrements inhérents à de telles situations semblent dépourvus de limites potentielles.

L'autre conséquence de cette tentative de solution est probablement encore plus intéressante pour quiconque étudie la science des ultrasolutions. L'interdiction officielle du système «vivre et laisser vivre» mit les soldats des tranchées face à un dilemme manichéen. *Ou bien* ils obéissaient aux ordres et tiraient sur l'ennemi chaque fois qu'il était en vue – mais dans ce cas, ils s'exposaient eux-mêmes à des représailles immédiates pour avoir brisé le pacte implicite de non-agression. *Ou bien* ils continuaient à respecter le pacte avec l'ennemi, en risquant d'être traduits devant une cour martiale.

Le caractère intenable de la situation entraîna de nouveau l'apparition d'un *tertium*. Ce fut cette fois la redécouverte d'une excellente recette datant de l'époque des colonies espagnoles. Les conquistadores et leurs successeurs durent constamment faire face à des ordres dépourvus de sens, émanant de l'Escurial qui ignorait tout de la situation réelle. Ils en vinrent bientôt à réagir selon la maxime *se obedece, pero no se cumple* (on obéit, mais on ne se soumet pas). En Flandre, trois siècles plus tard, une solution analogue se révéla tout à fait efficace : on obéit à l'ordre de tirer, mais en évitant soigneusement de toucher l'ennemi qui, reconnaissant, fit de même.

Les résultats préliminaires d'une vaste étude commencée en 1981 par deux psychologues(3) commencent à révéler quelque chose qui va au-delà du principe du «vivre et laisser vivre». Ils ont interrogé des non-juifs qui ont sauvé des juifs de l'extermination nazie, souvent à leurs risques et périls, et souvent sans même les connaître personnellement. Quand on leur demande pourquoi ils l'ont fait, beaucoup réagissent presque instinctivement en posant la question : «Que voulez-vous dire?», et, quand on insiste, ils finissent souvent par répondre, presque embarrassés : «Nous avons fait ce qu'il fallait faire», ou bien «J'ai fait ce que tout être humain doit faire pour un autre être humain».

Il faut le reconnaître, ces gens sont exceptionnels; néanmoins, ils ne sont pas aussi rares qu'on pourrait le penser. On en rencontre partout, dans la vie privée comme dans la vie publique, partout où les gens dépendent les uns des autres, non seulement pour leur survie, mais aussi pour leur confort, et même – aussi invraisemblable que cela puisse paraître – dans le milieu de la politique étrangère. Un ensemble de règles différent sous-tend leur conception de la vie : dans les termes de la théorie mathématique, ils jouent des *jeux à somme non nulle,* c'est-à-dire en lesquels la perte d'un joueur n'est pas nécessairement le gain de l'autre; autrement dit, ils peuvent tous les deux gagner ou perdre. Une guerre nucléaire est un excellent exemple de jeu à somme non nulle : c'est une ultrasolution qui conduirait au désastre total. Mais l'inverse est aussi possible. Par des concessions mutuelles et d'autres formes de moyens termes (que tout vigoureux joueur à somme nulle considérerait bien sûr comme des défaites), *tous* les joueurs peuvent trouver des avantages qu'aucun d'eux n'aurait obtenus individuellement.

Il va sans dire que les vrais idéologues, qui tiennent absolument à améliorer le monde par des ultrasolutions, sont fermés de multiples façons à ce type de processus de pourrissement insidieux. Pour eux, toute offre de négociations ou de concessions émanant de la partie adverse n'est jamais qu'un mauvais piège, ou un signe de faiblesse qu'ils doivent immédiatement exploiter pour consolider leur propre position. Et quand, comme résultat de cette réaction, l'autre camp est contraint de se retrancher dans une attitude adverse, cela prouve clairement combien leurs soupçons étaient fondés dès le départ. Mais autre chose importe encore davantage : accepter l'esprit du jeu à somme non nulle équivaudrait à trahir l'idéologie sacrée pour ce proverbial plat de lentilles. Dans le domaine des relations internationales, les tensions entre l'Est et l'Ouest sont essentiellement fondées sur cette incompatibilité entre jeu à somme nulle et jeu à somme non nulle. A cet égard, je pense immédiatement à l'écrivain et historien Jean-François Revel, même s'il ne s'exprime pas dans les termes de la théorie des jeux. Dans la conférence qu'il a donnée à Bonn le 25 octobre 1984 (16), et surtout dans son livre *Comment les démocraties finissent* (15), il affirme que la différence fondamentale entre les gouvernements démocratiques et les gouvernements totalitaires réside, d'une part, dans la volonté des premiers de négocier et, d'autre part, dans ce que je viens d'appeler la philosophie à somme nulle des derniers. La politique extérieure de nos démocraties est déterminée par leur politique intérieure, dont le souci principal est la sécurité et la prospérité des citoyens. De ce fait, elles s'efforcent, dans leur politique extérieure, d'atteindre «un état d'équilibre qui corresponde à leur équilibre intérieur», pour reprendre la formule de Revel. D'autre part, le totalitarisme se fonde sur une idéologie, sur une définition absolue et donc obligatoire des réalités humaines, sociales et scientifiques de notre monde. Pour les gouvernements totalitaires, donc – je citerai ici de nouveau Revel –, «la seule existence de systèmes différents est incompatible avec leur sécurité». On peut ajouter que, pour cette raison, la politique extérieure des États totalitaires n'a qu'un seul et unique objectif : la victoire mondiale, absolue et intransigeante; car seule cette ultrasolution peut mettre fin à leurs jeux à somme nulle et instaurer le Paradis sur terre. Évidemment, cette stratégie n'exclut pas les discours de paix tactiques et verbeux qui convainquent généralement les citoyens occidentaux et leurs gouvernements que le camp adverse a désormais adopté le jeu à somme non nulle. (Pour quelque raison étrange, on ne pense pas seulement à ce propos à Munich, mais aussi à Helsinki.)

Les partisans des jeux à somme non nulle n'ont aucune ferveur messianique; même s'ils sont motivés par les considérations les plus égoïstes, ils croient cependant toujours que le principe du «vivre et laisser vivre» est la meilleure stratégie possible. Ainsi, quand elles traitent entre elles, les puissances occidentales – je cite une fois de plus Revel – «s'efforcent d'arriver à des compromis toujours nouveaux dont la valeur moyenne est pour elles le plus avantageux dénominateur commun. [...] Toute diplomatie démocratique suppose qu'elle a intérêt à faire des concessions parce que l'adversaire, dont on présume qu'il est raisonnable et modéré, sera par là motivé à prendre en compte ces concessions et à y répondre par des concessions propres, contribuant ainsi à atteindre un compromis durable» (16).

Utopie? Pas du tout, en tout cas lorsque les partisans du jeu à somme non nulle arrivent à des compromis plutôt qu'à des ultrasolutions. Cela peut sembler incroyable pour des jeunes, mais grâce à ce qu'on nous enfonçait dans le crâne pendant la première moitié de ce siècle, nous, les plus vieux, «savions» que la France et l'Allemagne étaient à jamais des ennemis mortels, et que, en fonction des lois de l'histoire, de terribles guerres opposaient forcément ces deux pays tous les trente ans. Nous croyions cela exactement comme nous croyons aujourd'hui à la nécessité de la haine entre Israël et les États arabes, ou à celle de l'effusion de sang en Irlande du Nord. Et pourtant, le 22 juin 1963, deux présidents, que l'on ne savait pas particulièrement diplomates, réussirent à signer un traité d'amitié qui entraîna rapidement des changements dans les relations entre les deux pays. Et quiconque se tenait toujours prêt à défendre *das Vaterland* ou la douce France contre l'ennemi numéro un situé de l'autre côté du Rhin pouvait désormais briguer le titre de dinosaure politique.

Ce brave monde digitalisé

Selon une plaisanterie éculée qui traîne encore dans les départements d'anthropologie, on a enfin découvert le lien manquant entre le singe et l'*homo sapiens*. Il se trouve que c'est l'*homme*.

Cher lecteur, ne vous découragez pas. Cette plaisanterie n'est, hélas! pas seulement, une plaisanterie : à l'heure précisément actuelle, nous sommes en effet ce lien manquant. Mais un peu de temps encore et nous deviendrons *sapiens*. Un avenir glorieux a déjà commencé, une ultrasolution dans laquelle Hécate nous fera confortablement glisser et quasiment sans que nous nous en apercevions.

Une étude superficielle de l'histoire humaine met en évidence que l'irrationalité de l'homme est à l'origine de tout le mal. La folie, la frénésie, l'illusion, l'envie, la peur, l'avidité et toutes sortes d'autres passions expliquent pourquoi le monde est aussi déplaisant. Pourquoi les gens ne peuvent-ils être aussi raisonnables que moi?

Le problème, c'est que tout le monde, y compris moi-même, a un cerveau dont les centres où séjournent la raison et la logique (la «science de la pensée juste») sont logés au sommet de ce que l'on appelle le système limbique; or, ce système que nous avons hérité de nos ancêtres reptiliens n'a jamais dépassé le stade des instincts et émotions bruts. C'est pourquoi nous n'avons pas encore atteint l'état d'*homo sapiens*.

Mais, nous l'avons déjà dit, cet embêtement est en train de s'arranger. Ce ne sont pas des êtres extraterrestres qui s'affairent à ancrer dans notre monde bon sens et raison, mais des machines infaillibles et impassibles assemblées par des mains humaines.

Cette utopie et ses conséquences prévisibles inquiètent certains. Inquiétude qui trouva son expression littéraire dès 1950, dans le roman de l'écrivain roumain Virgil Gheorghiu intitulé *la Vingt-Cinquième Heure* (5).

Voici ce que le poète Traian y dit sur l'avenir de l'humanité :

«Une société dans laquelle il y a quelques dizaines de milliards d'esclaves techniques et à peine deux milliards d'hommes (même si ces derniers gouvernent) aura tous les caractères d'une majorité prolétarienne [...] Les hommes, afin de pouvoir les avoir à leur service, sont forcés de connaître et d'imiter leurs habitudes et leurs lois [...] Presque toujours, lorsque l'occupant est en état d'infériorité numérique, il adopte la langue et les coutumes du peuple occupé, par commodité ou intérêt pratique. Il le fait, bien qu'étant l'occupant et maître tout-puissant.

«Le même processus poursuit son développement dans le cadre de notre société, bien que nous ne voulions pas le reconnaître. Nous apprenons les lois et la manière de parler de nos esclaves pour mieux les diriger. Et ainsi, peu à peu, sans même nous en rendre compte, nous renonçons à nos qualités humaines, à nos lois propres. Nous nous déshumanisons, nous adoptons le style de vie de nos esclaves techniques. *Le premier symptôme de cette déshumanisation, c'est le mépris de l'être humain.* [...] [C'est] le moment où toute tentative de sauvetage devient inutile. Même la venue d'un Messie ne résoudrait rien. Ce n'est pas la dernière heure : c'est une heure après la dernière heure.» (C'est moi qui souligne.)

Tout penseur moderne lucide dira, bien sûr, que ce sont là les mots d'un poète venant de la plume d'un écrivain, et qu'ils ne sont en aucun cas l'expression de la rationalité. Pour ces gens-là on le sait, la raison importe peu; ils aiment se vautrer dans un monde irréel, vague, émotionnel, illogique, dont les lois archaïques (si l'on peut parler de lois) défient toute définition objective, tout ordre, et toute mesure. A l'époque où Gheorghiu écrivit son roman, l'esclave technique le plus proche de sa description – l'ordinateur – était probablement encore couvert par le secret militaire, ou soigneusement caché dans quelques départements d'université. Gheorghiu pensait peut-être davantage aux effets que les outils ont, d'une façon tout à fait générale, sur ceux qui les créent et les utilisent. On sait que les ouvriers qui travaillent les métaux sont davantage des hommes à poigne que des organisateurs de cocktails; le nombre de directeurs de banque qui passent leur temps libre à traduire en anglais les œuvres d'Homère se ramène probablement à zéro; et, autant que je sache, Dvořák fut le seul boucher à devenir un compositeur de symphonies immortelles.

Mais, ces quarante dernières années, l'ordinateur a envahi non seulement le monde de la science, mais aussi la société en général. Il a permis une augmentation plus qu'astronomique de notre capacité de traiter des nombres. On traite maintenant en quelques fractions de seconde des problèmes mathématiques qui auraient autrefois occupé des dizaines de personnes pendant des mois. Prenons juste un exemple pour illustrer ce saut quantique : quand le premier gros ordinateur (au joli nom d'ENIAC) fut mis en service à l'université de Pennsylvanie en 1946, il multiplia *par deux* la capacité de traitement d'informations de notre planète. Or, comparé aux ordinateurs modernes, ENIAC n'était qu'un dinosaure...

On sait que les ordinateurs ne font pas seulement des opérations mathématiques, mais aussi des opérations logiques. Autrement dit, ils sont capables de tirer des conclusions. Dans les deux cas, les réponses de l'ordinateur ne sont fausses que s'il y a eu erreur humaine dans la programmation de la machine. En jargon informatique américain, on appelle ce type de complication GIGO (G*arbage* I*n,* G*arbage* O*ut*), ce qui veut dire qu'à partir de données erronées, on obtient des résultats erronés. Mais maintenant, GIGO a une autre signification, plus insidieuse, à savoir : *«Gospel in, Gospel out»* (à partir de l'Évangile on obtient l'Évangile). Et c'est là que cela devient intéressant pour notre propos : ce que l'on croit ou espère nécessairement vrai ou juste revient toujours comme vérité éternelle après être passé à travers le système digestif de l'ordinateur.

La *digitalisation* est le concept magique qui sous-tend l'espoir d'arriver finalement à une compréhension totalement objective du monde, de réduire tous ses phénomènes aux dimensions claires et évidentes des nombres. C'est de ce langage composé des seuls chiffres zéro et un dont il faut se servir pour parler au camarade ordinateur si on veut lui faire accepter l'information particulière qu'il est supposé traiter. Notons que l'idée de pouvoir de cette façon saisir et révéler l'ultime nature de la réalité remonte à Lord Acton et à sa maxime célèbre : *Tout ce qui existe existe dans une quantité donnée qu'il est donc possible de mesurer.*

Cette approche manque toutefois de prendre en considération qu'il existe aussi un autre langage, tout à fait différent, celui de l'*analogie.* Comme on le sait, une analogie n'est ni l'expression d'une mesure, ni quantitativement identique à l'objet mesuré : elle se rapporte à sa *qualité.* Et l'on devient de plus en plus conscient, même dans les sciences «dures», du fait que la quantité n'est *qu'un* aspect de la qualité. Nous avons déjà essayé de comprendre dans le deuxième chapitre comment la quantité peut par inadvertance se transformer en qualité, et comment *plus de la même chose* peut devenir *autre chose.* Ce qui nous inquiète ici, c'est le fait déplorable que, au moins pour le moment, certaines qualités indéniables de l'existence humaine refusent obstinément de se laisser digitaliser et réduire au monde ordonné des zéros et des uns. Nous l'avons déjà vu, il y a les sensations et les émotions; mais il y a aussi le monde totalement insaisissable, orphique, irréel, obscur, irrationnel et indéfinissable des couleurs et des parfums, de ce qui est entièrement inexplicable, ou cette matière que les poètes et les artistes semblent pouvoir créer pour enrichir nos esprits floconneux, ou encore l'effet d'un coucher de soleil flamboyant, les yeux d'un chat ou la musique d'un concerto pour piano. Tout cela, et beaucoup plus encore, devra un jour être digitalisé afin que nous atteignions ce cher Nouveau Monde de Zéros et de Uns (8); et la cloche pourra alors sonner la vingt-cinquième heure.

De plus, n'est-il pas beaucoup plus simple de construire une relation viable avec un ordinateur qu'avec un autre être humain? L'ordinateur n'est pas lunatique, il est absolument honnête, ne fait pas d'erreurs et ne discute jamais. Il n'exige qu'une rationalité lucide, pour laquelle il vous récompense généreusement. Regardez un peu les longues rangées kafkaïennes de ceux qui apprennent à se servir d'un ordinateur; dans leur cabine, assis devant un écran, ils tombent dans une extase quasi religieuse quand le sphinx leur accorde l'absolution de tous leurs péchés pour avoir su taper sur les bonnes touches. Qui pourrait les blâmer d'attendre avec impatience l'ultrasolution, le jour glorieux où l'analogique sera exorcisé, jusque dans leur vie privée, et où l'humanité obéira enfin à des lois digitales?

Mais, jusqu'à ce que la cloche finisse par sonner la vingt-cinquième heure de Gheorghiu, nous pouvons trouver un temporaire réconfort avec le cousin germain de l'ordinateur, autre miracle de la digitalisation : le poste de télévision. De façon surprenante, Cicéron connaissait déjà les effets du poste de télévision. En 80 avant J.-C., il écrivait :

«Si nous sommes contraints, à chaque heure, de regarder ou d'écouter d'horribles événements, ce flux constant d'impressions affreuses privera même le plus délicat d'entre nous de tout respect pour l'humanité.»

Ces effets sont, bien sûr, dissimulés derrière le masque d'un large sourire inepte. Pour ce qui est de la façon dont nous nous distrayons du spectacle de la mort, Neil Postman (13) a déjà dit tout ce qu'il fallait dire à ce sujet.

Mais il faut tout de même mentionner le sociologue Jean Baudrillard qui – avec certes moins d'allant et d'humour noir que Postman – montre l'*obscénité* de la télévision, se rapprochant en cela davantage du propos de Cicéron. Il n'entend pas par là ce que l'on met généralement dans le mot *obscène;* il veut plutôt parler de la brutalité de ce que l'on nous montre : les bains de sang, les victimes d'accidents ou de crises violents, qui sont devenus l'élément essentiel – sinon le seul – de ce que l'on appelle les actualités, et surtout les gros plans éhontés, irrespectueux, de gens se trouvant dans des situations tragiques, désespérées, une mère près du corps de son enfant mort, le visage d'un homme qui meurt, ou les questions idiotes avec lesquelles on harcèle quelqu'un qui, venant d'échapper d'un cheveu à la mort, n'a besoin que d'une chose, qu'on le laisse tranquille. Cet étalage de voyeurisme, ce manque du plus élémentaire respect pour la souffrance humaine et la vie privée des individus méritent en effet d'être qualifiés d'obscènes (en particulier quand ils sont suivis par la musique imbécile d'une publicité pour des cigarettes). Mais, bien sûr, nous savons et apprécions tous le fait que les médias essaient de cette façon d'accomplir leur sublime et démocratique mission de tenir le citoyen complètement informé...

Et, pour cette raison, toute l'affaire se prête on ne peut mieux à l'implantation d'ultrasolutions dans des centaines de millions de cerveaux.

«Je sais exactement ce que tu es en train de penser»

«Si je n'étais moi-même spécialisé en malédictions, je devrais dire : quel maudit foutoir!», se plaignit Hécate lors d'une récente réunion stratégique dans sa villa méditerranéenne. «Comment se fait-il qu'en dépit de tous nos efforts pour convaincre les gens que leur vision du monde est la seule possible et la seule juste, que toute autre vision n'est que le résultat de la folie ou du mal, et surtout, qu'ils savent exactement ce qui se passe dans la tête des autres, et que, par conséquent, ils n'ont pas besoin de contrôler ces suppositions, comment se fait-il donc qu'il se trouve toujours par là un type qui doute et que nous n'arrivons pas à convaincre qu'il a absolument raison?»

Bien sûr, Hécate avait raison, si ce n'est, peut-être, qu'elle sous-estimait l'importance pour les ultrasolutions de la formule «je sais exactement ce que tu es en train de penser». Examinons-la donc plus précisément. Prenons, par exemple, M. MacNab de la ville de Santa Cupertina, dans la Sillyclone Valley de Fornicalia. Il était physicien quand, un jour, il eut soudain une idée géniale que ma grande ignorance en ce domaine m'empêchera de vous décrire, même très succinctement. Rendez-vous compte, des idées originales, il en avait déjà enfant, mais cette fois, il avait tiré le gros lot. Et l'idée ne resta pas seulement une idée : il réussit à construire le truc dans son garage, à le tester et le commercialiser. Son succès dépassa toutes les prévisions, et les commandes se mirent à pleuvoir. Ah! Ah! pensera le lecteur, il va recommencer à pontifier sur le fait que deux fois plus n'est pas nécessairement deux fois mieux. Non, grâce à ses capacités techniques vraiment inhabituelles, M. MacNab réussit à prévoir et à éviter cette complication. Avec lui, les sorcières durent procéder autrement. Car non seulement les ventes augmentèrent, mais aussi les problèmes d'ordre purement administratif : il lui fallait tenir une correspondance volumineuse, des comptes, aboutir à un budget réaliste, des choses comme ça. Jusqu'alors, MacNab ne s'était occupé de ces ennuyeuses nécessités que de façon tout à fait marginale, pendant son temps libre, pour ainsi dire (entre une et trois heures du matin); mais elles commençaient maintenant à lui demander trop de temps. Aucun doute, il lui fallait un administrateur qui s'occupe de ces absurdités. Il en trouva un lui-même, et même un très compétent. Avec cette solution, son déclin commença.

Précisément parce que cette personne, un M. Muckerzan, était un administrateur extraordinairement compétent et expérimenté, des tensions apparurent entre les deux hommes. M. MacNab, le génial inventeur, qui devait en grande partie ses succès à sa capacité innée de s'écarter des modèles de pensée encrassés et de considérer de vieux problèmes d'une manière tout à fait nouvelle, était ce que les spécialistes modernes en physiologie du cerveau (19) appellent une personnalité définie par l'hémisphère droit. Et maintenant, il se voyait contraint de collaborer étroitement avec un homme dont le monde était une mosaïque minutieuse et précise jusqu'aux plus infimes détails.

«Muckerzan est en train de me rendre fou», enrageait MacNab devant sa femme qui écoutait patiemment. «Comment quelqu'un peut-il à ce point se perdre dans de pareilles vétilles? L'arbre lui cache la forêt, il n'a pas la moindre idée de ce qui importe vraiment, il est enfermé dans son monde de chiffres, de règles et de futilités juridiques; et le pompon, dans tout ça, c'est qu'il pense que je suis irresponsable et que je représente un danger pour l'avenir de notre affaire, *moi* qui ai créé cette société tout seul, à partir de rien!»

Au même instant, en sécurité dans son appartement, Muckerzan maudissait MacNab : «Je n'en peux plus. Le digitaliser, voilà ce qu'on devrait faire à MacNab. Pour lui, les faits simples n'existent pas. La forêt lui cache les arbres. Il voit une situation d'une certaine façon, et une heure plus tard, il la voit autrement. Je ne comprends pas comment il arrive à ses conclusions. En plus, il voudrait que je les trouve logiques et excellentes, et surtout que je les mette en pratique. Car un génie de sa sorte ne doit pas être ennuyé par les problèmes quotidiens; ils sont bons pour des petites têtes tatillonnes comme la mienne...» Comme on peut le voir, la personnalité de M. Muckerzan est définie par l'hémisphère gauche de son cerveau. Les deux hommes n'avaient en fait qu'une seule chose en commun : leur totale incapacité à comprendre que l'autre n'a pas nécessairement tort, mais qu'il pense différemment. Car ils avaient tous deux raison, chacun à sa manière; ainsi ils persévérèrent aveuglément dans les ultrasolutions du type «j'ai raison et vous avez tort» jusqu'à ce que l'affaire fît faillite.

Comme le lecteur le sait de triste expérience, ce type de comportement n'est nullement limité aux situations professionnelles; il empoisonne aussi fréquemment les relations entre hommes et femmes. Je me rappelle avec reconnaissance l'analogie très utile dont un de mes professeurs se servait dans ses cours. Il expliquait que l'on peut comparer un homme à une ellipse. Une ellipse a deux foyers, l'un est le *logos,* qui renvoie non seulement au domaine de la raison, mais aussi à l'objectivité, aux domaines professionnels et scientifiques, et même, plus généralement, au monde «extérieur». L'autre, qu'il appela *eros,* c'est le monde des relations à un autre être *humain.* L'homme ne peut jamais être que dans l'*un* de ces deux foyers. Pour lui, ce n'est pas un problème particulier; selon ce qu'exige une situation donnée, il va et vient simplement entre *logos* et *eros.* On peut, d'autre part, comparer une femme à un cercle. Un cercle peut être considéré comme un cas particulier d'une ellipse : en elle, les deux foyers coïncident. Pour une femme, il est parfaitement naturel d'être dans l'*eros* et le *logos en même temps.* Le problème, c'est que ni la femme ni l'homme n'ont aucune raison de supposer, même une seconde, que leur partenaire a une architecture mentale différente qui la ou le fait agir et réagir tout à fait différemment. Voici un exemple concret, secrètement enregistré par les sorcières ravies :

La femme : J'ai bien peur que ce gâteau ne monte pas.

Le mari : Il n'y a peut-être pas assez de levure. Que dit la recette?

La femme : Ça, c'est bien toi!

Le mari : Comment ça, c'est bien moi?

La femme : Tu sais très bien ce que je veux dire. Tu fais toujours ça, et tu sais que ça m'énerve!

Le mari : Pour l'amour du ciel! De quoi parles-tu? Tu dis que le gâteau ne monte pas; je dis qu'il n'y a peut-être pas assez de levure, et tout à coup ceci n'a rien à faire avec la levure, il s'agit maintenant d'un défaut que j'aurais ou de Dieu sait quoi...

La femme : Bien sûr, pour toi, la levure est plus importante que moi. Que ça puisse être cette satanée levure, je peux m'en douter moi-même. Mais pour toi, ça n'a pas d'importance que je veuille te faire plaisir avec ce gâteau.

Le mari : Je ne le nie pas un seul instant et je te suis reconnaissant de vouloir me faire plaisir. Mais je parlais seulement de levure, pas de toi.

La femme : C'est étonnant comme vous les hommes vous réussissez à garder les choses bien séparées. Nous les femmes, ça nous rend malades!

Le mari : Mais non, le problème, c'est que

vous les femmes, vous confondez la levure et l'amour!

(Et ainsi de suite.)

«Pourquoi les femmes ne peuvent-elles pas être davantage comme les hommes?», demandait déjà, dans *Pygmalion* de George Bernard Shaw, le Pr Higgins, exaspéré. A l'inverse, c'est-à-dire concernant les hommes, aucune citation classique ne vient à l'esprit; mais on peut imaginer que ce serait quelque chose comme ça : «Je compte pour toi seulement quand il se trouve que tu as du temps pour moi, ou quand je suis compatible avec tes autres activités.»

A ce propos, un autre tour d'Hécate mérite d'être mentionné, car il peut aussi empoisonner les relations entre les sexes, ou, de ce fait, n'importe quelle situation interpersonnelle. C'est la différence entre *comprendre* et *accepter.* Traiter ces deux verbes comme s'ils signifiaient la même chose entraîne nécessairement d'âpres batailles. Seuls ceux qui figurent sur la liste noire d'Hécate savent que l'on peut très bien comprendre le point de vue de quelqu'un sans pour autant nécessairement l'accepter.

On dit parfois que les hommes et les femmes parlent des langues différentes. Mais c'est plutôt, comme Oscar Wilde disait si élégamment à propos de l'Angleterre et de l'Amérique : elles sont *séparées* par une langue *commune.* Ou, exprimé différemment, l'emploi d'un même langage produit l'illusion que l'autre doit voir la réalité comme elle est réellement – c'est-à-dire comme *je* la vois. Et s'il se trouve que mon interlocuteur ne la voit pas comme moi, c'est alors un signe évident de folie ou de mauvaises dispositions.

Dans un récent article, le professeur suisse Leisi donne un exemple amusant tiré de l'*Essai sur l'entendement humain* de John Locke :

«Un groupe d'éminents médecins britanniques discutaient en long et en large la question de savoir si un *liquide* coule dans les nerfs. Ils étaient d'opinions différentes. Les arguments les plus divers étaient avancés et un accord semblait presque impossible. Locke s'adressa alors à l'auditoire et demanda si tout le monde était tout à fait sûr de la signification du terme *liquide*. Le public fut d'abord surpris et presque choqué. Chacun était convaincu de savoir exactement ce qu'il entendait par là, et la question de Locke fut considérée comme plutôt "frivole". Puis sa suggestion fut acceptée; ils s'efforcèrent d'établir la définition et se rendirent rapidement compte que la controverse était due à des différences d'interprétations. Pour les uns, *liquide* se référait à un vrai liquide (comme l'eau ou le sang); ils rejetaient donc l'idée qu'un tel liquide puisse couler dans les nerfs. Alors que les autres entendaient plutôt par là quelque chose comme un fluide (une forme d'énergie, comme l'électricité), et étaient convaincus qu'un tel *liquide* coulait effectivement dans les nerfs. Après avoir mis au clair les deux interprétations et accepté la seconde, le débat fut conclu au mieux et le plus rapidement possible» (9).

Voilà un excellent exemple de la façon dont des individus irrespectueux arrivent à coincer de véritables débats scientifiques. Mais, même ainsi, il reste toujours assez de place pour les ultrasolutions. Molière en savait quelque chose. Dans une de ses comédies, un groupe d'éminents docteurs essaient de découvrir pourquoi l'opium fait dormir. Au bout d'une longue discussion, ils concluent que l'opium provoque le sommeil parce qu'il contient une *vertu dormitive.*

Mais revenons maintenant à la solution du type : «Je sais exactement ce que tu es en train de penser.» On trouve une suggestion fascinante dans le livre *Fights, Games and Debates* du logicien canadien Anatole Rapoport (14). Presque en aparté, il mentionne une idée géniale qui concerne directement notre propos. Plutôt que de demander à chaque partie d'exposer ses propres définitions en présence de l'adversaire (ce qui amène en un rien de temps les deux parties à s'étriper), Rapoport suggère d'inviter la partie A à exposer le plus complètement possible le point de vue de la partie B, jusqu'à ce que B soit satisfait de la définition de A. Puis c'est le tour de B d'exposer le point de vue de A sur le problème, jusqu'à ce que A trouve que son point de vue a été correctement présenté. Rapoport supposait que cette technique désamorcerait probablement en partie le conflit avant même que le problème soit discuté. Les applications pratiques de cette stratégie, à la fois en thérapie et dans des organisations plus vastes que le couple ou la famille, prouvent que la supposition de Rapoport était juste. Il n'est pas rare que l'un des partenaires dise, étonné et incrédule : «Mais je ne savais pas que tu pensais que je pense ceci.»

Tout à fait indépendamment de Rapoport, une intervention similaire fut développée à Milan par la psychiatre Mara Selvini-Palazzoli et ses collaborateurs. Elle l'appelle le *questionnement circulaire.* Cette technique est particulièrement indiquée quand l'intermédiaire veut arriver aussi vite que possible à une compréhension objective de la nature de la relation entre deux personnes. Plutôt que d'essayer de la mettre en évidence de la manière apparemment la plus sensée, en demandant aux deux partenaires d'exposer leur propre point de vue, c'est d'une troisième personne, connaissant les deux partenaires, qu'il cherche à obtenir cette information. Un des exemples de Selvini est celui d'une séance de thérapie familiale au cours de laquelle il est devenu nécessaire de définir la nature de la relation qui existe entre un père et sa plus jeune fille. Plutôt que d'essayer d'obtenir d'eux individuellement cette information (et d'essayer ensuite de comprendre les contradictions ou les silences), la thérapeute demande à la fille aînée d'exposer *son* point de vue sur la relation entre son père et sa sœur. Selvini remarque :

«... Supposons qu'elle désapprouve certains comportements de son père à l'égard de sa sœur. Il y aurait alors une grande différence eu égard à l'information concernant la relation triadique (incluant la personne interrogée) si les deux autres étaient embarrassés, ou si chacun réagissait de la même manière, ou si seulement le père protestait avec indignation pendant que la sœur restait énigmatiquement silencieuse, ou montrait des signes d'hostilité ou de colère» (18).

Il est tentant d'imaginer l'application de telles techniques aux conflits internationaux qui – exactement comme les mariages à problèmes – se caractérisent par une ignorance totale du point de vue et des intentions de l'autre, ensevelie sous l'illusion inébranlable de les connaître parfaitement. Les deux superpuissances ne sont pas une exception, au contraire elles sont un excellent exemple. Leur problème se trouve aggravé par le fait que même si on trouvait un «thérapeute» capable de les faire sortir de leur jeu à somme nulle, elles n'accepteraient jamais cette intervention. Cela facilite grandement la tâche à Hécate, puisque même le plus petit compromis entre les deux superpuissances ne ferait que retarder l'ultrasolution nucléaire et serait donc pour elle tout à fait indésirable. Mais c'est en fait le contraire qui se produit : dernièrement, les sorcières ont particulièrement bien réussi à solidifier l'entêtement inflexible des deux adversaires. Voilà comment elles s'y sont prises.

Elles suggérèrent avec conviction aux Américains que l'Est ne représentait qu'une menace militaire. Cela semblait tout à fait sensé puisque – mis à part les armées du Pacte de Varsovie et les missiles soviétiques – l'Est ne menace en rien l'Ouest. Depuis lors, Washington s'est consacré avec une ferveur exemplaire à la recherche et au développement d'armements hypersophistiqués qui, tôt ou tard, sont susceptibles d'exploser.

On bourra le crâne des dirigeants soviétiques de façon beaucoup plus élégante. On leur fit croire que l'Ouest les menaçait de trois façons différentes. Il y a d'abord, évidemment, la menace militaire qui ne peut être contrée qu'en mettant tout le potentiel économique, industriel et scientifique de l'Est au service de la course aux armements avec l'Ouest. La conséquence regrettable, mais inévitable, est une restriction accrue des besoins domestiques, ainsi que la nécessité d'exiger de plus grands sacrifices de la part des nations socialistes sœurs. La deuxième menace est de nature idéologique. Et cette menace est tout à fait unilatérale, car le système capitaliste corrompu est d'une certaine manière immunisé contre les idéologies. A l'Ouest, pensent les Soviétiques, on ne considère même pas comme nécessaire de brouiller notre radio et nos émissions de télévision, et même les tonnes de matériel de propagande pourtant tout à fait exaltante que l'on peut déverser là-bas en toute liberté ne semblent pas inspirer beaucoup plus que des bâillements. Notre peuple, en revanche, n'est pas aussi immunisé. Pour lui, l'idéologie occidentale de la non-idéologie est d'une certaine manière irrésistible et fascinante. Imaginez ce qui pourrait arriver si, dans le cadre d'une détente militaire, la nécessité de fermer hermétiquement la patrie socialiste devenait beaucoup moins plausible, et que les pamphlets subversifs, tels que le *Times* ou le *Neue Zürcher Zeitung*, ne puissent plus être bannis pour les mêmes vieilles raisons! Enfin, l'Ouest représente une grave menace économique. Que se passerait-il, par exemple, s'il fallait demander l'aide des compagnies pétrolières de l'Ouest, avec leurs compétences et leur technologie ultramoderne, pour l'exploration et le développement de plus en plus urgent des gisements de pétrole des côtes sibériennes ? Toute la structure économique du bloc de l'Est serait alors exposée à la pénétration capitaliste. La conclusion inévitable de tout cela est que la persistance de la menace militaire est de loin un bien moindre mal que sa disparition. Car que deviendraient alors l'héroïque mentalité d'assiégés et son effet domestique stabilisateur, ainsi que l'obligation pour tous les citoyens de protéger la patrie et de maintenir en vie l'idéologie bidimensionnelle : qui n'est pas avec moi est contre moi ?

Désordre et ordre

Pourquoi est-ce si facile de rester attaché à de mauvaises solutions et de continuer à essayer plus de la même chose jusqu'à ce que l'ultime moyen de résoudre les problèmes, la mort, applique la solution finale? Voilà une question qui peut entraîner d'interminables spéculations. Pour la science classique, la réponse réside dans la Deuxième Loi de la thermodynamique, selon laquelle tout processus naturel a tendance à procéder de l'ordre vers le désordre. On appelle *entropie* la mesure de ce désordre. Mais le scientifique, comme le profane, connaît aussi le développement inverse; on appelle *néguentropie* l'évolution vers des formes d'organisation plus élevées, partout observables dans la nature. Et c'est là que les choses deviennent intéressantes quand on a pour profession de résoudre des problèmes, et que l'on s'oppose à Hécate; car les vagues fils développés dans les chapitres précédents, et que nous avons jusqu'ici laissés pendre, commencent maintenant à former une trame identifiable.

Revenons à l'exemple des tranchées en Flandre. Un détail mérite tout particulièrement notre attention; le principe du «vivre et laisser vivre» n'était pas le résultat d'un accord entre les adversaires, et encore moins celui d'une initiative individuelle : il s'était développé spontanément. Il émergea *d'une certaine manière* de ce chaos et créa par là sa propre réalité concrète; une réalité d'autant plus étonnante que le contexte de son apparition était délibérément «entropique», au sens où il devait produire un maximum de morts et de destruction. Comment, dès lors, de telles structures «néguentropiques» apparaissent-elles?

Pour le moment, les réponses sont encore très hésitantes et même contradictoires. Nous n'avons pas encore les moyens de comprendre ou de prédire les processus qui mènent du désordre à l'ordre. Bien sûr, au bon vieux temps, la réponse était simple : elles apparaissaient selon le plan de puissances supérieures. Mais cette explication, assez proche de la moliéresque *vertu dormitive,* fait seulement passer le poids d'un pied sur l'autre.

Ce qui nous intéresse ici ne tombe évidemment pas du ciel, mais vient plutôt de l'*intérieur* d'un ensemble particulier de circonstances, bien que ses propriétés représentent *plus que* – et soient *différentes de* – la nature de ces circonstances. Nous avons considéré certaines d'entre elles dans le deuxième chapitre. Mais nous ne nous intéressons plus ici aux complications engendrées par *«plus de la même chose»,* mais à l'apparition d'interactions entre différentes propriétés fondamentales.

Mais ne restons pas aussi abstraits, prenons des exemples concrets. Quand un type de relation particulier s'établit entre deux atomes d'hydrogène et un atome d'oxygène, ils forment une substance, H_2O, dont les propriétés ne sont pas réductibles à celles des atomes particuliers qui la composent. L'eau est quelque chose de *différent* et non pas seulement la somme des caractéristiques particulières de l'hydrogène et de l'oxygène; et toute tentative pour saisir son essence en la réduisant à ces composants séparés aboutirait à un non-sens. Mais c'est précisément dans ce non-sens que nous sommes tous enclins à tomber. Prenons le simple cas d'une relation dyadique, cette fois non pas entre deux atomes, mais entre deux êtres humains. Nous avons vu comment, en cas de conflit, chaque partenaire a tendance à blâmer l'autre. Ils sont tous les deux convaincus qu'ils font tout pour résoudre le conflit, et pourtant, il persiste, et s'aggrave même parfois.

Cela *doit* être la faute de l'autre, car où la faute pourrait-elle bien être? Il ne peut y avoir de *troisième* source de conflit entre seulement *deux* personnes. Et pourtant il y en a une. Toute relation (que ce soit entre deux atomes, deux cellules, deux organes, deux personnes, deux nations, etc.) est plus que, et différente de, la somme de tous les ingrédients que les entités impliquées apportent dans la relation. Les biologistes appellent cela une *qualité émergente,* les psychologues parlent de *Gestalt.* Mais il est pratiquement impossible de la discerner quand on se trouve à l'*intérieur* de la relation.

Dans ce sens précis, l'émergence du principe du «vivre et laisser vivre», observé dans les Flandres, n'était due ni à l'initiative de l'une ou l'autre partie, ni au travail d'un habile médiateur, mais à «quelque chose» qui émergea de la situation de base. Quand nous aurons pleinement pris conscience de l'existence de ces qualités émergentes, nous apprécierons combien elles sont décisives pour nos vies. Mais c'est aussi là que tout cela devient inacceptable pour les perfectionnistes et les manichéens. Car il devient évident que ces nouvelles formes d'ordre ne peuvent émerger que là où existe un certain désordre. W. Ross Ashby, un des fondateurs de la cybernétique, illustrait ce processus à l'aide de l'exemple suivant : un funambule peut garder son équilibre grâce aux mouvements qu'il ne cesse de faire au hasard avec son balancier. (Il en est de même pour les mouvements qu'un cycliste fait avec le guidon de sa bicyclette.) Si on voulait «perfectionner» le style du funambule, on pourrait être tenté de saisir sa perche et de l'empêcher de bouger – mais le résultat immédiat serait de faire perdre l'équilibre au funambule, et de le faire tomber. Évident, non? Oui, mais seulement dans le cas des funambules et des cyclistes. Pour tout autre cas, nous sommes généralement loin de comprendre que l'ordre sans un certain degré de désordre devient hostile à la vie, dans la mesure où il anéantit toute possibilité de développement de la néguentropie. L'ordre absolu est une ultrasolution : c'est ce que plus d'un innovateur dans le domaine social et plus d'un consultant dans celui du *management* découvrit à ses dépens en essayant de parvenir à l'ordre parfait. Il va sans dire que le désordre en lui-même et par lui-même est aussi destructif quand seule l'entropie le caractérise. Il faut une interaction des deux : le changement est synonyme de l'émergence d'une nouvelle qualité; cette qualité émergente présuppose, et à son tour crée, un certain degré de désordre. Voilà une pilule difficile à avaler pour beaucoup, car il est bien plus facile de dénigrer les méfaits du désordre que ceux de l'ordre.

Humanité, divinité, bestialité

L'écrivain satirique anglais Samuel Butler est supposé avoir dit : «Celui qui veut faire le bien doit procéder à tout petits pas; le bien général est l'argument des patriotes, des politiciens et des filous.»

La nature semble lui donner raison. Tout ce qui se développe, croît et s'épanouit le fait «dans les moindres détails», tranquillement, à tout petits pas, alors que tous les grands changements sont catastrophiques, et cataclysmiques. Mais qui est enflammé par la perspective d'un petit pas? Ce dont on a besoin pour inspirer les masses, c'est de visions utopiques. De plus, elles sont si idéales que seul un idiot ou un misanthrope malicieux ne les adopterait pas de bon cœur.

Il faut peut-être faire remonter à Platon la plus classique des ultrasolutions pour résoudre les problèmes qui se présentent sur la voie du bien absolu. Pour lui, le philosophe n'est plus le *chercheur* (socratique) en quête de la vérité, il la *possède.* En d'autres termes, il contemple l'ordre divin du monde qui reste incompréhensible au faible intellect des masses. De ce fait, qui est mieux à même de guider la destinée des hommes et de faire régner l'ordre dans la cité? Karl Popper (11) a montré de façon convaincante que Platon ne doutait pas qu'il fût en possession de la vérité absolue. Les conséquences d'une telle conviction relèvent d'une inéluctable pseudologique que Platon expose dans *la République,* et ailleurs, en détail et sans scrupules. Par exemple : la sagesse du plus sage en elle-même et par elle-même ne suffit pas, elle doit être communiquée aux ignorants – si nécessaire contre leur volonté, ce qui autorise, non, contraint, le philosophe-roi à recourir parfois à des contrevérités pour servir la vérité. Toute interprétation individuelle de la vérité doit être supprimée, et à cette fin Platon prône l'établissement d'institutions comparables à celles de l'Inquisition ou aux camps de concentration. Il faut former une race d'hommes qui suivent sans condition le chef, le philosophe-roi. Pour une large part, le plus sage est sage parce qu'il a conscience du fait que le bonheur de l'humanité exige, et en fait justifie d'avoir recours à certaines solutions finales. Le poète autrichien Franz Grillparzer a déjà décrit les trois étapes principales d'une telle escalade par la formule extraordinairement laconique : humanité, divinité, bestialité.

Il est particulièrement effroyable de penser que ces conséquences inhumaines de la recherche de la vérité ne sont en aucun cas des déviations de la doctrine pure ou le résultat d'une erreur humaine : elles ne sont que la conséquence logique et inéluctable de l'idée apparemment très raisonnable et altruiste que, pour le bien de l'humanité, le plus sage doit gouverner. Mais le seul fait de devoir trouver le plus sage engendre déjà un paradoxe : Qui l'identifiera? Quelqu'un qui est plus sage que le plus sage? Mais si une telle personne existe, ne devrait-elle pas être celle qui gouverne? Ou croira-t-on simplement sur parole celui qui déclarera être le plus sage? Ou bien les moins sages devront-ils faire le choix? Mais leur sagesse imparfaite ne les empêchera-t-elle pas de déterminer qui est le plus sage?

Ou encore : quel être humain convenable et responsable n'adopterait-il pas entièrement et sans condition une solution aussi idéale à tous les problèmes sociaux que la formule : «A chacun selon ses besoins, à chacun selon ses capacités»? Elle semble idéale; le problème est seulement que cette ultrasolution suppose d'une part l'abondance de biens matériels (qu'aucun système économique n'a encore atteint), et, d'autre part, de nouveau le pouvoir d'une élite possédant la sagesse absolue qui lui permet de déterminer (de façon irrévocable) les besoins et les capacités de chacun. Et si l'individu, dont les besoins et les capacités sont ainsi définis pour lui, n'est pas tout à fait d'accord, cela prouve que quelque chose ne va pas chez *lui;* la sagesse du plus sage ne peut être en aucun cas remise en question.

Face à ces ultrasolutions aussi convaincantes que galvanisantes, les quelques voix qui s'élèvent au loin n'ont quasiment aucune chance. L'une d'elles est celle de Karl Popper, le partisan des «petits pas», qui – précisément parce qu'ils sont petits – sont bien trop minables pour l'esprit utopique de qui veut améliorer le monde. Comment pourrait-il accepter un ordre social dans lequel ceux qui ont le pouvoir ne sont pas déterminés à instaurer le Paradis sur Terre, et se demandent, avec Karl Popper : «Comment organiser nos institutions politiques de telle façon que même les dirigeants incompétents et malhonnêtes ne puissent causer des dommages?» (12).

Mais revenons au point de départ de ce chapitre : le grand réside en sommeil dans le petit; seul le petit mène à des développements importants. Nous devrions donc respecter et protéger ce qui est petit. Cette thèse ne prétend pas à l'originalité; l'idée existe depuis fort longtemps. Cette charmante histoire orientale le montre :

«Le célèbre mystique Abu Bakr Shibi mourut à Bagdad en 945. Après sa mort, il apparut en rêve à un de ses amis. "Comment Dieu t'a-t-il traité?" demanda l'ami. Abu Bakr répondit : "Je me tenais devant Son trône quand Il me demanda : 'Sais-tu pourquoi je t'ai pardonné?' Je dis : 'A cause de mes bonnes actions.' Il dit : 'Non.' Je dis : 'Parce que mon adoration fut sincère.' Il dit de nouveau : 'Non.' Et je dis : 'A cause de mes pèlerinages, de mes jeûnes et de mes prières.' Il répondit : 'Non, ce n'est pas à cause de tout cela que je t'ai pardonné.' Je dis alors : 'Parce que j'ai voyagé pour acquérir le savoir, et parce que j'ai quitté ma maison pour devenir saint.' Il dit encore : 'Non.' Je dis : 'Ô Seigneur, ces actions mènent au salut, je les ai fait passer avant tout, et je pensais que pour elles tu me pardonnerais.' Et il dit : 'Non, ce n'est pas pour ces actions que je t'ai pardonné.' Alors je dis : 'Ô Seigneur, alors pourquoi?' Et Dieu me demanda : 'Te souviens-tu de ce jour d'hiver où tu marchais dans les rues de Bagdad? Tu trouvas un petit chat engourdi par le froid; il courait de-ci, de-là, à la recherche d'un abri qui le protège du vent glacial et de la neige. Tu as eu pitié de lui, tu l'as ramassé et mis à l'intérieur de ta fourrure pour le protéger du froid piquant.' Je dis : 'Je me souviens.' Il dit : 'Parce que tu as eu pitié de ce chaton, Abu Bakr, à cause de cela, j'ai pitié de toi.' "» (17).

Triste dimanche

Dommage que l'histoire d'Abu Bakr et du chat ne nous dise pas s'il était aussi gentil avec lui-même. Car il y a des gens qui ne se considèrent pas comme dignes de leur amour. De prime abord, cela peut sembler invraisemblable, et déjà la Bible se préoccupe du contraire en nous demandant d'aimer notre prochain (au moins) comme nous-mêmes.

Mais ce n'était pas précisément le cas de János Jankó, un Hongrois de la ville de Varumnyiháza. Certes, il n'était pas vraiment un philanthrope, mais il était tout de même de ces rares individus qui n'ont quasiment pas d'ennemis. Il était assez vieux pour avoir vécu l'histoire cauchemardesque de son pays depuis les années 1930. En 1956, il trouva le moyen de s'échapper, et commença à mener une existence raisonnablement satisfaisante dans le pays où le destin l'avait conduit; on pourrait dire que sa vie était devenue une solitude confortable. Mais tout changea brusquement le matin de son cinquante-cinquième anniversaire. En se réveillant, il avait dans l'oreille – probablement lui venait-elle d'un rêve – la mélancolique mélodie tzigane *Triste Dimanche,* et, pendant des heures, il ne parvint pas à s'en débarrasser. Mes lecteurs ne connaissent peut-être pas l'abominable histoire de cette mélodie. Pendant les années d'adolescence de János Jankó, on la considérait comme responsable d'une véritable vague de suicides dans ce pays dont les habitants avaient toujours eu un penchant pour ce type d'ultrasolutions – si bien qu'il fut finalement interdit de la jouer en public. Il va sans dire que cette «solution» ne fit que rendre *Triste Dimanche* encore plus célèbre.

Il serait difficile de dire si c'était seulement la mélodie ou, en plus, le fait que c'était son anniversaire (qui se trouvait tomber un dimanche), mais, quoi qu'il en soit, Jankó ressentit alors le besoin de faire le point sur sa vie. C'était comme si sa paix intérieure se révélait n'avoir été qu'un armistice, comme s'il y avait toujours eu un conflit latent qui maintenant éclatait au grand jour. Eût-il été possible de regarder en lui de *l'extérieur,* l'impression eût probablement été celle d'une situation meurtrière opposant *deux* personnes : un cruel souverain médiéval et sa victime impuissante qu'il garde captive, menace constamment, laisse mourir de faim et empêche de dormir. Bien sûr, János Jankó ne voyait pas les choses de cette façon. Il n'avait conscience que d'un sentiment de vide et d'une haine grandissante à l'égard de lui-même, qu'il n'avait jamais ressentie, avec une telle intensité, pour personne. Qu'il se sente aussi vaguement menacé, qu'il perde du poids et ne puisse dormir, tout cela n'était que d'inexplicables effets secondaires. Son médecin ne trouvait aucune cause physique.

Les mois passèrent, mais le monde resta pour lui aussi vide et froid. Le fait que ses modestes besoins matériels soient correctement satisfaits, qu'il soit en bonne santé et relativement content de chacun des aspects de sa vie ne faisait qu'augmenter en lui le sentiment qu'il n'avait pas le droit ni aucune raison d'être déprimé. Alors à quoi bon tout cela? Si la vie n'a pas de sens, quel sens cela a-t-il donc de vivre?

Et un jour, de façon inattendue, exactement comme *Triste Dimanche, les Démons* de Dostoïevski lui vinrent à l'esprit, en particulier la scène où Kirilov explique que la mort du Christ prouve l'absurdité du monde. Il la retrouva et lut :

«Cet homme était le plus grand de toute la terre; il était la raison de l'existence de la terre. La planète, avec tout ce qu'il y a dessus, n'est que folie sans cet homme. Il n'y a jamais eu avant lui et il n'y aura jamais après lui d'être semblable à cet homme, même s'il devait y avoir un miracle. Le miracle, c'est précisément qu'il n'a jamais existé, qu'il n'existera jamais d'homme tel que lui. Et si c'est ainsi, si les lois de la nature n'ont pas épargné même Celui-là, si elles n'ont pas épargné même leur miracle et l'ont obligé à vivre au milieu du mensonge et à mourir pour un mensonge, alors toute cette planète n'est qu'un mensonge et repose sur le mensonge et la dérision, alors les lois mêmes de cette planète ne sont qu'un mensonge et un vaudeville diabolique! A quoi bon vivre alors? Réponds si tu es un homme*!»

Un physicien aurait pu dire que Kirilov avait compris l'entropie inhérente à la vie. Ce qui aurait aussi été valable pour János Jankó. En tout cas, il était maintenant prêt : la solution était la mort, et, comme Kirilov, il avait choisi le pistolet pour la mettre à exécution. En tout cas, il voyait, lui, les choses de cette façon. Car, vu de l'extérieur, on aurait pu penser que le souverain avait décidé d'exécuter sa victime. Quoi qu'il en fût, l'important était que Jankó avait désormais pris une décision ferme, une décision qui faisait d'une simple humeur un

* Dostoïevski, *Les Démons,* Paris, Gallimard, Bibl. de la Pléiade, p. 648.

fait imminent. C'est alors qu'il se souvint tout à coup avoir déjà été deux fois près de ce seuil.

Il y avait d'abord eu cette expérience, quelques années plus tôt, qu'il avait prise pour une étrange leçon qu'une puissance inconnue lui avait faite. Comme beaucoup d'entre nous, il avait pris avec fierté la ferme résolution qu'en cas de maladie incurable, il commencerait par l'accepter, se soumettrait d'abord – par respect pour sa propre vie – à tout traitement médical lui paraissant raisonnable, mais en se réservant le droit de mettre fin à ses souffrances si elles devenaient insupportables. Il arriva qu'un jour son médecin lui découvrit une grosseur; ne pouvant en toute bonne conscience exclure une tumeur, il demanda qu'un examen des tissus fût pratiqué. Pendant 48 heures, Jankó dut attendre le rapport du pathologiste. Soudain, sa froide détermination avait disparu. Soudain, la mort ne lui semblait plus une solution. Seule la vie comptait – et non, peut-être, par une immature lâcheté – et cela fut pour lui une surprise extraordinaire. La seule *possibilité* d'une mort imminente engendra en lui le respect de la vie. Et il garda ce même sentiment quand il apprit que la grosseur était bénigne et qu'il n'y avait aucune raison de s'inquiéter.

L'autre expérience appartenait à un passé plus lointain; elle remontait à ces années où non seulement il se trouvait, comme beaucoup d'autres, privé de l'essentiel, mais aussi où la survie était diaboliquement menacée de trois façons différentes : d'abord par les occupants de son pays et par la solution finale qu'ils mettaient en pratique; ensuite par leurs ennemis qui ne cessaient d'avancer; enfin, par les tapis de bombes posés chaque nuit par ceux qui seuls pouvaient espérer rétablir un monde libre et sain. Il avait à ce moment-là aussi un pistolet, mais c'était seulement maintenant qu'il se rendait compte que pas une fois, pendant ces mois de faim et de terreur, il n'avait pensé à l'absurdité du monde. Une seule chose comptait alors : survivre. C'est ce que George Orwell a dû vouloir dire en écrivant dans l'un de ses essais : Les gens qui ont le ventre plein ne désespèrent jamais de l'univers, ni même n'y pensent, précisément pour cette raison.

Ce n'est qu'après que ces réminiscences lui furent venues à l'esprit que, malgré son désespoir et son dégoût, il lui devint évident que se transformer en cadavre n'était pas une solution. Ce qu'il voulait, ce qu'il cherchait désespérément, c'était quelque chose de complètement différent, un changement radical. Alors il rejeta l'ultrasolution du pistolet, et au même moment, se remit au service de la néguentropie. Exprimé moins «scientifiquement», il sortit de l'opposition manichéenne entre le «vide de la vie» et le «vide de la mort», et commença une labyrinthique quête du sens.

Est-ce que c'est *ça* ?

Il faut s'approcher des mirages pour qu'ils se révèlent tels. Il faut aussi prendre les mauvais chemins pour découvrir qu'ils ne mènent nulle part. Ce truisme est en accord avec la théorie *constructiviste* – l'étude des processus au moyen desquels nous créons nos propres réalités – qui postule que ce que nous pouvons jamais espérer connaître de la réalité «réelle» (si elle existe vraiment), c'est ce qu'elle *n*'est *pas.* L'un des principaux représentants du constructivisme radical, le psychologue Ernst von Glasersfeld, l'exprime ainsi :

«... La connaissance devient alors quelque chose que l'organisme construit dans le but de créer un ordre dans le flux de l'expérience – en tant que tel, informe – en établissant des expériences renouvelables, ainsi que des relations relativement fiables entre elles. Les possibilités de construire un tel ordre sont déterminées; et sans cesse limitées, par les précédentes étapes de la construction. Cela signifie que le monde "réel" se manifeste lui-même uniquement là où nos constructions échouent. Mais, dans la mesure où nous ne pouvons décrire et expliquer ces échecs que par les concepts mêmes dont nous nous sommes servis pour construire des structures défaillantes, ce processus ne fournit jamais l'image d'un monde que nous pourrions tenir pour responsable de leur échec» (6).

Cette perspective a au moins l'avantage d'introduire un dénominateur commun dans ce méli-mélo de solutions, pseudosolutions et ultrasolutions dont ce livre est composé – ou du moins je l'espère. Avec peut-être un peu de mégalomanie, j'aimerais appuyer mon argumentation sur une remarque de Wittgenstein (*Tractatus logico-philosophicus,* proposition 6.54), où il parle lui aussi d'un certain besoin de se tromper :

«Mes propositions sont élucidantes à partir de ce fait que celui qui me comprend les reconnaît à la fin pour des non-sens, si, passant par elles, – sur elles – par-dessus elles, il est monté pour en sortir.

«Il faut qu'il surmonte ces propositions, alors il acquiert une juste vision du monde*.»

* Paris, Gallimard, coll. «Tel», 1961, p. 106.

Maintenant, après toutes ces affirmations, le temps est venu de retrouver «notre homme», celui que nous avons laissé à la fin du premier chapitre. Pour être simple, supposons maintenant que c'était lui qui, à la recherche de la sécurité, de la certitude et du bonheur parfait, avait pris tous les mauvais chemins décrits ici – et pas seulement ceux-ci. Mais, après avoir lu Novalis et rencontré le symbole de la Fleur bleue – cette fleur qui fleurit quelque part dans l'inconnu et dont la découverte était la fin absolue du romantisme –, il lui vint à l'esprit qu'il était l'un de ces chercheurs. Jusqu'alors, cet aspect essentiel de sa vie lui était resté inconnu, précisément parce qu'il était totalement impliqué dans ce processus. Cette idée en engendra une seconde qui, aussitôt, sembla jeter un doute sur la première : les romantiques semblaient savoir ce qu'ils cherchaient; lui, au contraire, cherchait sans savoir quoi. Non seulement il ne savait pas *où* trouver ce qu'il cherchait, mais il ne savait non plus *ce que* c'était. Pourtant, il comprit alors qu'à chaque seconde de sa vie, même pour les plus insignifiants de ses actes, il ne cessait de se demander : «Est-ce que c'est *ça*?» Comment chercher autrement quelque chose dont on a soif, «comme le cerf cherche en haletant le ruisseau», sans même connaître son nom? Il n'avait malheureusement pas lu le *Tao-tö King,* car il y aurait trouvé une réponse partielle au problème de nommer :

«Le Tao qu'on tente de saisir n'est pas le Tao lui-même;

«le nom qu'on veut lui donner n'est pas son nom adéquat *.»

Ou, comme Faust, notre homme aurait pu dire de lui : «Je n'ai fait que courir par le monde, saisissant aux cheveux tout plaisir, négligeant ce qui ne pouvait suffire, et laissant aller ce qui m'échappait. Je n'ai fait qu'accomplir et désirer encore, et j'ai ainsi précipité ma vie dans une éternelle action **.»

Ainsi, chaque fois qu'il «posait ses mains» sur quelque chose et demandait : «Est-ce que *c*'est ça?», il obtenait toujours la même réponse : «*Ce* n'est pas ça.»

Toujours et encore, il se retrouvait les mains vides, mais, invariablement, il tirait de ces déceptions ce qui semblait être la seule conclusion possible : que *cela* n'était pas *ça,* qu'il n'avait pas encore nommé *ça* adéquatement, ni cherché là où il le fallait. Parfois, il donnait à cette plénitude inconnue le nom d'un but pré-

* Lao Tseu, *Tao-tö King,* Paris, Gallimard, 1967, p. 33.
** Goethe, *Le Second Faust,* Paris, Garnier, 1969 (trad. par G. de Nerval), p. 276-277.

cis, qu'il ne pouvait atteindre qu'après des années, qui lui inspirait des exploits exceptionnels, lui valait l'admiration de chacun, mais alors qu'il l'atteignait, une fois de plus ce but ne tenait pas ce qu'il avait semblé promettre. Shakespeare exprime très bien cette déception dans son cent vingt-neuvième sonnet :

Fou en poursuite et fou en possession;
ayant eu, ayant, voulant ravoir – extrême
bonheur certifié mais vrai malheur vécu;
en avant joie promise, et en arrière un rêve.

Il est dans la nature de tels mirages de disparaître quand nous les approchons, et de retrouver immédiatement leur irrésistible attrait dès que nous nous en détournons et les perdons. Combien souvent notre homme associa ses désirs à quelques lieux lointains, convaincu (bien qu'il fût incapable de s'expliquer à lui-même comment il était arrivé à cette conviction) que les atteindre lui donnerait une tout autre idée de lui-même, un sentiment d'harmonie avec le monde! Mais quand il y arrivait, ces expériences étaient à chaque fois différées. Seul le découragement et le vide l'attendaient et l'accompagnaient dans ces villes et ces vallées – lui, le même qu'il s'était toujours senti être, en rien plus riche, en rien changé. Mais à chaque fois, presque immédiatement après qu'il était reparti déçu, le désir de retrouver le même lieu le reprenait avec la même et éternelle intensité – comme s'il n'avait pas encore découvert que *ce* n'était pas *ça*. Alors il se remettait en route, vers la même désillusion. Tout aussi souvent, c'était une femme qui, avant qu'elle ne lui cède, représentait l'incarnation de tous ses désirs – mais après, n'était plus qu'un corps comme les autres. Puis venait l'amère séparation, et avec elle de nouveau l'illusion, mais rendue encore plus intense par un sentiment de paradis perdu. Puis de nouveau le vide. Il se sentait abandonné, trompé, rejeté. Aurait-il cru en Dieu, il l'eût accusé de ne pas le laisser arriver chez lui. Mais il était athée, et jouait parfois avec l'ultra-solution du suicide, car son désespoir grandissait jusqu'à sembler tout recouvrir et étouffer. Alors pourquoi continuer à vivre?

Pourtant, vu de l'extérieur, le piège où il se débattait était assez banal. Il n'interrogeait que les fruits de sa quête, mais non la quête elle-même. Ce qui la rendait sans fin, car les lieux où l'on pourrait trouver ce qu'on cherche sont en nombre infini. Même le romantisme n'avait pas pris en compte la simple possibilité que la Fleur bleue n'existe pas du tout – et non pas que le chercheur ne l'ait pas encore cherchée là où il le fallait. Dans cette perspective, il ne semblait exister aucune solution en dehors de l'opposition manichéenne entre trouver et ne pas trouver. Et c'était précisément dans ce jeu à somme nulle, qu'il jouait avec lui-même, que notre homme s'était enfermé.

Il est très difficile de montrer clairement, et surtout de façon convaincante, comment il prit conscience de la possibilité de s'en échapper. Un des éléments qui y contribua fut le fait indéniable que le destin lui refusa rarement de parvenir au but qui lui semblait être *le* but. Car, nous l'avons vu, il n'y a rien de plus décevant qu'un espoir réalisé, et rien de plus séduisant qu'un espoir qui ne l'est pas encore.

Il en était arrivé au point où il avait pleinement conscience de sa quête et de l'éternelle question qu'il se posait sur tous les aspects et contenus du monde : «Est-ce que c'est *ça*?» Et puis, un jour, un tout petit changement se produisit, un de ceux qui sont assez petits pour avoir de grands effets. Aussi invraisemblable que cela puisse paraître, ce ne fut rien d'autre qu'un infime déplacement : il ne mit plus dès lors l'accent sur *ceci* mais sur *ça.* Et la question devint soudain : «Est-ce que *ça* est cela?» La réponse lui vint immédiatement : Non, cela, ni rien dans le monde ne peut jamais être qu'un nom de «ça», et les noms ne sont que des sons vides. A ce moment-là, la coupure entre lui et *ça* disparut; ou bien, comme disent les philosophes, il n'y eut plus de séparation entre le sujet et l'objet. Non, ceci ne pouvait jamais être *ça. «Ce que le monde n'a pas, il ne peut le retenir»,* se disait-il sans cesse à voix haute; il répétait aussi ces mots étrangement significatifs : *«Je suis plus moi-même que moi.»* Il était maintenant clair que la seule raison pour laquelle il n'avait pas trouvé ce qu'il cherchait, c'était la quête elle-même; c'était que l'on ne peut trouver, là-bas, dans le monde, et donc jamais *avoir,* ce que l'on *est* déjà.

Alors, se réalisa pour lui le mot de l'Apocalypse, «le temps ne sera plus», et il tomba dans l'éternité du moment présent.

Mais il ne resta qu'une seconde dans cette intemporalité, car il s'y accrocha et, voulant l'*avoir* pour toujours, il eut immédiatement recours à l'ultrasolution qui consiste à nommer cette expérience et à chercher à la répéter...

Bibliographie

1. Ashworth, Tony, *Trench Warefare 1914-1918; The Live and Let Live System,* New York, Holmes & Meier, 1980.
2. Berdiaev, Nicholas, *Dostoïevski,* New York, Meridian Books, 1957.
3. Fogelman, Eva, Valerie L. Wiener, «The Few, the Brave, the Noble», *Psychology Today,* août 1985.
4. Gall, John, *Systemantics,* New York, Pocket Books, 1978.
5. Gheorghiu, C. Virgil, *La Vingt-Cinquième Heure,* Paris, Plon, 1974, p. 73-74 et 79.
6. Glasersfeld, Ernst von, «Introduction à un constructivisme radical», in Paul Watzlawick (ed.), *Die Erfundene Wirklichkeit,* Munich, 1981 (trad. fr. : *L'Invention de la réalité, Contributions au constructivisme,* Paris, Éditions du Seuil, 1988, p. 41-42).
7. Jung, Carl G., *Symbole der Wandlung,* Zürich, Rascher, 1957 (trad. fr. : *Métamorphoses de l'âme et ses symboles,* Genève, Librairie de l'Université, 1953).

8. Kreuzer, Franz (éd.), *Neue Welt aus Null und Eins,* Vienne, Franz Deuticke, 1985.
9. Leisi, Ernst, «Falsche Daten hochpräzis verarbeitet», *Neue Zürcher Zeitung,* n° 301, 28/29 décembre 1985.
10. Lübbe, Hermann, «Ideologische Sebstermächtigung zur Gewalt», *Neue Zürcher Zeitung,* n° 301, décembre 1985.
11. Popper, Karl, *La Société ouverte et ses ennemis,* Paris, Éditions du Seuil, 1979.
12. Popper, Karl, «Woran glaubt der Western?», in *Auf der Suche nach einer besseren Welt,* Munich, Piper, 1984.
13. Postman, Neil, *Amusing Ourselves to Death,* New York, Viking, 1984.
14. Rapoport, Anatol, *Fights, Games and Debates,* Ann Arbor, University of Michigan, 1960.
15. Revel, Jean-François, *Comment les démocraties finissent,* Paris, Grasset, 1983.
16. Revel, Jean-François, *Die Demokratien im Angesicht der Totalitarismen,* Munich, Piper Information, 1984.
17. Schimmel, Anne-Marie (éd.), *Die Orientalische Katze,* Cologne, Eugen Diederichs, 1983.
18. Selvini-Palazzoli, Mara *et al.,* «Hypothesizing – Circularity – Neutrality; Three Guidelines for the Conductor of Sessions», *Family Process,* n° 19, p. 3-12, 1980.
19. Watzlawick, Paul, *The Language of Change,* Basic Books, New York, 1978 (trad. fr. : *Le Langage du changement,* Paris, Éditions du Seuil, 1980).

Table

MAME IMPRIMEURS À TOURS (4-99)
DÉPÔT LÉGAL : FÉVRIER 1991. N° 12942-4 (99032069)